Beate & Gereon Ting

Kleine Apportierfibel

Die Grundausbildung des Retrievers in den Apportierarten

Romney's
VERLAG

Ting, Beate und Gereon
Kleine Apportierfibel
Die Grundausbildung des Retrievers in den Apportierarten

ISBN 3-031969-04-5

Fotos: Norma Zvolsky
Illustrationen: Franka Futterlieb
Layout und Satz: ACHIM STADIE Kommunikation & Marketing
Druck und Bindung: Wanderer Werbedruck GmbH
2. Auflage 1998
Printed in Germany

Vorwort

Die Idee zu einem Buch über Apportieren geisterte schon länger in unseren Köpfen. Hinzu kamen die vielen Nachfragen von Hundebesitzern, die eine verständliche Einführung zu diesem Thema lesen wollten. Da fast alle Bücher über die Arbeit mit Retrievern aus England bzw. Amerika kommen, fehlte bisher ein solcher Leitfaden für den deutschsprachigen Raum, der auch die deutschen Verhältnisse berücksichtigt. Nicht zuletzt aber hatten wir selbst Lust dazu, unsere eigenen Erfahrungen niederzuschreiben.

Auf den nachfolgenden Seiten haben wir versucht, eine leicht verständliche Einführung zu verfassen für all diejenigen, die sich näher mit dem Apportieren beschäftigen wollen.

Das Buch für den »normalen« Retrieverbesitzer

Direkt zu Beginn: Dieses Buch ist speziell für Retrieverbesitzer geschrieben, die ihrem Hund in ihrer Freizeit eine artgerechte Beschäftigung bieten wollen. Kurz gesagt: für den »normalen« Retrieverbesitzer mit einem »normalen« Retriever. Wir gehen einfach davon aus, daß es sich bei Ihnen und Ihrem Hund nur in Ausnahmefällen um ausgesprochene Naturbegabungen handelt.

Natürlich gibt es Retriever, die durch gezielte Selektion auf jagdliche Leistung ein ganz anderes Potential mitbringen und einige Schritte, die wir in diesem Buch beschreiben, überspringen können. Aber letztendlich hat jedes Lernen einen Anfang und ein Ziel sowie viele Schritte, die dazwischen liegen. Nur durch einen systematischen Aufbau und kontinuierliches Training können entsprechende Erfolge erreicht werden.

Wir selbst haben unsere erste Labrador-Hündin als Familienhund gekauft und nicht im Traum daran gedacht, mit ihr jemals (auch noch jagdlich) zu arbeiten. Eigentlich sollte sie nur ein einigermaßen gut erzogener Familienhund werden, mit dem man sich im Alltag unauffällig bewegen kann. Es war eher Zufall oder Glück, daß sich eine Leidenschaft dafür entwickelt hat. Zufall, daß wir die richtigen Leute trafen. Zufall, daß die Hündin sich als sehr begabt erwies – viel begabter als ihr völlig unerfahrener Führer.

Wir haben von sehr vielen Lehrmeistern profitiert und sind für diese Hilfe und Unterstützung sehr dankbar. Auch hier gilt, daß letztendlich jeder für sich die passende Methode herausfinden muß. Arbeiten mit dem Hund ist ein fortlaufender Prozeß, in dem wir ständig hinzulernen. So ist dieses Buch auch als Anregung zu verstehen. Viele Wege führen bekanntlich nach Rom. Wir haben keine Patentlösungen anzubieten.

Wir sind überzeugt davon, daß gemeinsames Arbeiten mit dem eigenen Retriever auf seinem ureigensten Feld – dem Apportieren – eine große Bereicherung des Lebens darstellen kann. Für den Hund, aber auch für seinen Menschen.

Wenn wir mit diesem Buch ein wenig dazu beitragen, wären wir sehr zufrieden.

Einleitung

»Der ideale Retriever ist aufmerksam, steady und ruhig, ohne die Aufmerksamkeit seines Führers zu verlangen. Er soll das Wild gut markieren und sich die Fallstelle über eine längere Zeit merken. Wenn er für einen Apport losgeschickt wird, sollte er bei der Suche ausdauernd sein, Initiative zeigen, eine gute Nase haben und die Fähigkeit, Wild aufzuspüren. Er sollte in jedem Gelände arbeiten und Wasser unverzüglich ohne Ermunterung annehmen. Er arbeitet, um seinem Hundeführer zu gefallen (will to please) und ist in gutem Kontakt zu ihm, aber ohne abhängig von ihm zu sein. Wenn er das Wild gefunden hat, soll er es schnell und korrekt mit weichem Maul zurückbringen und es auch korrekt abgeben.«

Wir möchten diese Sätze aus dem »FCI-Reglement für Arbeitsprüfungen im Felde (Field Trials) für Hunde der Retrieverrassen« diesem Buch voranstellen, da sie eigentlich alles aussagen, was wir beim Training erreichen wollen.

Wichtig ist die Förderung der natürlichen Anlagen

Ganz grundsätzlich sind wir der Meinung, daß die Aufgabe des Menschen beim Training des Retrievers darin besteht, seine natürlichen Anlagen auf die bestmögliche Art und Weise zu fördern und in die gewünschten Bahnen zu lenken.

Unserer Meinung nach geht es also nicht darum, dem Hund etwas beizubringen und dann seine Leistungen wie bei einem Computer abzufragen. Auch der beste Hund ist nur so gut wie sein Besitzer. Es geht letzendlich um das Zusammenspiel von zwei lebenden Wesen. Das kann immer nur im gegenseitigen Vertrauen geschehen.

Gefragt ist in diesem Prozeß des gegenseitigen Lernens Ihre Kreativität. Sie bestimmen, wohin die Reise geht. Ihr Hund kann das nicht selbst tun. Er stellt seine Fähigkeiten zu Ihrer Verfügung. Es liegt also an Ihnen, ihm die besten Chancen zur Entfaltung dieser Fähigkeiten zu bieten.

Bücher und auch Trainer sind dabei immer nur ein Hilfsmittel. Sie werden ihren ganz eigenen Weg finden müssen.

Es gibt eine große Anzahl von Methoden, die ausnahmslos alle Vor- und Nachteile haben. Sie müssen für sich selbst diejenige Methode finden, die am besten zu Ihnen und Ihrem Hund paßt. Tun Sie nichts, wovon Sie nicht überzeugt sind. Arbeit mit Hunden hat sehr viel mit Gefühl zu tun, und nur die Methode wird erfolgreich sein, hinter der Sie selbst stehen.

In den nächsten Kapiteln finden Sie keine Gebrauchsanweisung. Wir wollen versuchen, Ihnen soviel Wissen zu vermitteln, daß Sie selbst eine Entscheidung treffen können.

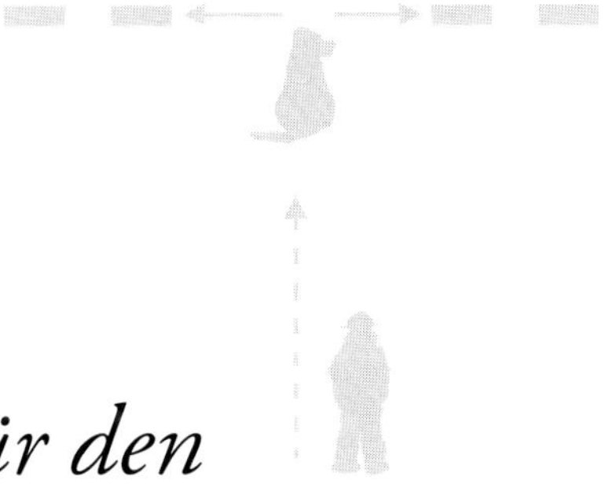

Tips für den Trainingsaufbau

Die meisten Retrieverbesitzer haben sich in erster Linie einen Familienhund gekauft. Das Interesse an der Arbeit kommt zumeist erst später. Oft spielt der Zufall dabei eine große Rolle: Ein engagierter Züchter, eine gute Trainingsgruppe, Freunde, die schon einen Retriever haben und vieles mehr.

Dieses Kapitel ist speziell an Menschen gerichtet, die gerne mit Ihrem Hund arbeiten möchten, aber nicht genau wissen, wie Sie es überhaupt angehen sollen.

Suchen Sie nach Gleichgesinnten

Versuchen Sie, einen Trainingsplatz in Ihrer Nähe zu finden

Inzwischen gibt es über Deutschland verteilt eine große Anzahl von Trainingsgruppen, die zumeist von Mitgliedern der Vereine »Deutscher Retriever Club«, »Labrador Club Deutschland« oder dem »Golden Retriever Club« gegründet wurden. Am besten wenden Sie sich an die entsprechenden Vereine und versuchen, einen Trainingsplatz in Ihrer Nähe zu finden.

Es macht sehr viel Spaß, in einer Gruppe zu trainieren. Das ersetzt natürlich nicht das Training Zuhause, aber es ist ein Fixpunkt in der Woche, auf den Sie hinarbeiten können. Zudem gibt es den Vorteil, daß ein erfahrener Retrieverbesitzer praktische Tips zum Trainingsaufbau geben kann. Ein Buch kann dies niemals ersetzen.

Für viele Übungen ist es auch sehr hilfreich, einen Partner zu haben, der z.B. Dummies auslegt, Markierungen wirft etc..

Wohin soll die Reise gehen

Es ist sehr hilfreich zu wissen, was ein gut ausgebildeter Retriever zu leisten vermag. Auch wenn der Weg genauso wichtig ist wie das Ziel, sollten Sie dieses doch immer vor Augen haben. Nutzen Sie also jede Gelegenheit, sich arbeitende Retriever anzusehen. In Deutschland, aber auch im benachbarten Ausland werden Dummy-Prüfungen oder Working-Tests mit Dummies angeboten. Leider sind die Entfernungen manchmal sehr weit, aber vielleicht können Sie ja einen Sonntagsausflug daraus machen.

Persönliche Erfahrung läßt sich durch nichts ersetzen

Diese persönliche Erfahrung läßt sich durch nichts ersetzen. Zudem sind diese Veranstaltungen ein guter Ort, um Kontakte zu schließen. Die meisten Retriever-Besitzer, die selbst mit ihren Hunden arbeiten, sprechen gerne darüber. Von Ihnen erfahren Sie Näheres über Termine und Veranstaltungen. Mit ein wenig Eigeninitiative haben Sie sicher Erfolg.

Es war für uns selbst als unerfahrene Neulinge eine wirklich einschneidende Erfahrung, als wir mit unserer jungen Labrador-Hündin zum ersten Mal auf eine holländische Dummy-Prüfung gingen. Zu dieser Zeit gab es nichts Vergleichbares in Deutschland. Dort waren ca. 100 Teilnehmer, alles war reibungslos organisiert und wir waren begeistert, wieviele Menschen jeden Alters unser Hobby teilten.

Ähnlich beeindruckend war die erste Retriever-Prüfung in England. Diese fand in Sandringham statt, einem der Schlösser der Queen. Wir staunten über die Leistungen der Hunde, die Umgebung, die Atmosphäre und waren endgültig vom »Arbeits-Virus« befallen.

Gute Planung ist der halbe Erfolg

Die meisten Retrieverbesitzer haben nur begrenzte Zeit zur Verfügung. Sie kommen erst nachmittags von der Arbeit zurück, haben Kinder zu versorgen, kurz – sie müssen die Zeit gut einteilen. So geht es uns auch. Logischerweise steht im Sommerhalbjahr die meiste Zeit zur Verfügung. Es ist lange hell, das Wetter ist meist annehmbar und man kann die Abende nutzen. Sehen Sie also das Sommerhalbjahr als eine Trainingssaison an. Im Frühjahr werden meist einige Prüfungen und Veranstaltungen angeboten, die sich gut dafür eignen, den Trainingsstand zu testen. So kann man sich ein Ziel setzen, welches man bis zum

Im Winter kann das im Sommer Erlernte gefestigt werden

Herbst hin gemeinsam mit dem Hund erarbeiten will, und dies dann in einer Prüfung oder einem Workingtest beurteilen lassen.

Der Winter kann dann dafür genutzt werden, das im Sommer Erlernte zu festigen. Zu mehr reicht die Zeit meistens nicht. Zudem ist es auch gut, wenn der Hund einmal Ruhe hat, gerade bei jungen Hunden. In der nächsten Saison kann man zum Frühjahr hin mit einer Veranstaltung beginnen, die das Niveau des Vorjahres hat und darauf aufbauen.

Für die Jäger unter den Lesern dürfte dieses Vorgehen selbstverständlich sein, denn im Herbst und Winter soll der Hund während der Jagd das im Training Erlernte in die Praxis umsetzen.

Die Zeit ist auf Ihrer Seite

Gerade in England gibt es viele professionelle Jagdhundeausbilder, die Retriever trainieren. Sie haben Ihnen sehr viel an Wissen und Erfahrung voraus. Eines haben Sie jedoch nicht – Zeit!

Diese Hunde werden zumeist im Zwinger gehalten und nur für die Arbeit nach draußen geholt. Dabei ist ein Hund natürlich viel aufmerksamer als unsere Familienhunde, die den ganzen Tag mit uns verbringen. Diese Hunde haben auch nicht soviel Gelegenheit, unliebsame Angewohnheiten anzunehmen wie unsere Hunde. Auf der anderen Seite ist für uns ein Hund in erster Linie täglicher Begleiter – erst dann zählt seine Leistung als Arbeitshund, und über die reine Arbeit hinaus muß er viele Dinge lernen, die er für den Alltag braucht.

Ein Hund soll sich ohne Überforderung entwickeln können

Wenn wir davon ausgehen, daß ein Retriever 12 Jahre alt wird, so bleibt Ihnen sehr viel Zeit. Sie müssen sich nicht beeilen. Es gibt keine Vorschriften darüber, was ein Hund mit 12 Monaten »können muß« – es liegt nur bei Ihnen.

Wir persönlich meinen, daß man seinem Hund die Möglichkeit gönnen sollte, sich zu entwickeln, ohne ihn zu überfordern. Ein behutsamer, langsamer Trainingsaufbau zahlt sich auf lange Sicht immer aus. Mit 4 – 6 Jahren hat der Hund arbeitsmäßig »seine besten Jahre«. Er ist gut trainiert, hat genügend Erfahrung gesammelt und ist körperlich fit. Wir finden es traurig, wenn mit jungen Hunden erst sehr viel gearbeitet wird und sie dann, wenn bestimmte Prüfungen geschafft sind, den Rest ihres Lebens »hinterm Ofen« liegen.

Persönlichkeit und Trainingsaufbau

Jeder Hund hat eine ganz eigene und unverwechselbare Persönlichkeit, die sich aus den unterschiedlichsten Faktoren zusammensetzt.

Beim Retriever geht man von bestimmten Grundvoraussetzungen aus wie leichte Trainierbarkeit, Freude am Apportieren, Wasserfreude usw. Das trifft im allgemeinen auch zu. Aber es gibt doch erhebliche Unterschiede. Auf den ersten Blick spielt es natürlich eine große Rolle, aus welcher Linie Ihr Retriever kommt bzw. wer seine Vorfahren waren. Bei einer reinen Arbeitslinie (Field Trial) geht man von sehr viel mehr natürlicher Arbeitsanlage aus als bei Hunden, die als Show- oder Familienhund gezüchtet wurden. Aber auch in den sogenannten Show-Linien gibt es noch enorme Unterschiede, ja sogar innerhalb eines Wurfes sind nicht alle Hunde gleich.

Es gibt kein Besser oder Schlechter

Den Hund richtig einzuschätzen, ist eine enorme Hilfe für den Trainingsaufbau. Ist er eher sensibel oder eher dominant, leicht zu beeindrucken, ganz von seinen jagdlichen Trieben beherrscht usw. Gerade dies fällt so manchem Ersthundebesitzer sehr schwer. Versuchen Sie es trotzdem, und fragen Sie im Zweifelsfall erfahrene Retrieverbesitzer um Rat.

Dabei gibt es eigentlich kein Besser oder Schlechter. Jedes Verhalten hat seine Vor- und Nachteile.

Unsere erste Labrador-Hündin war eine sehr führige und arbeitswillige Hündin. Sie lernte fast von selbst und war stets bereit, sich am Menschen zu orientieren. Ihre jagdlichen Anlagen waren sehr gut, jedoch nicht herausragend. Aber in der vertrauensvollen Zusammenarbeit mit meinem Mann und wachsender Erfahrung erbrachte sie hervorragende Leistungen.

Dann kam unsere zweite Hündin mit einer ganz anderen Persönlichkeit. In allen jagdlichen Belangen ist sie herausragend. Sie markiert auf den Punkt, arbeitet jede Schleppe, stöbert ausdauernd zu Land und zu Wasser. Zudem hat sie eine erstaunliche Problemlösungsfähigkeit, auch im Alltag. Mit Begeisterung bringt sie all diese Dinge den jüngeren Hunden bei, sie ist der geborene Rudelführer. Jedoch in der Ausbildung hat sie mich wahrlich zur Verzweiflung gebracht. Leider habe ich versäumt, sie frühzeitig zur Unterordnung und Zusammenarbeit zu erziehen. Sie brachte hier nur wenig Bereitschaft mit. Dies war später kaum noch nachzuholen. Ihr Bruder übrigens war ebenso, nur mit einem erfahrenen Hundeführer gesegnet, der diesen Hund von Anfang an in die richtigen Bahnen lenkte. Beide waren auf Prüfungen und bei der Jagd sehr erfolgreich miteinander.

Versuchen Sie, Ihren Hund gut kennenzulernen

Versuchen Sie, Ihren Hund gut kennenzulernen. Wo liegen seine Stärken und wo seine Schwächen? Jeder Hund, auch der Beste, hat Schwachpunkte. Der eine markiert nicht so gut, ein anderer geht nicht so gern in Dickicht oder ins Wasser. Manche Hunde haben eine hohe Grundgeschwindigkeit, andere sind langsamer, dafür aber oft genauer. Manche reagieren sehr sensibel auf Druck, andere sind ziemlich hart im Nehmen und müssen immer wieder gezeigt bekommen, wer der Boß ist.

Versuchen Sie einfach, Ihren Hund vorurteilslos zu analysieren – liebevoll und kritisch. Nur wenn sie die Schwächen Ihres Hundes kennen und akzeptieren, können Sie etwas daran tun. Und Sie können irgendwann auch die Grenzen Ihres Hundes akzeptieren.

Nicht jeder Hund hat die Begabung, ein Hochleistungssportler zu werden. Das gilt natürlich auch für Sie selbst. Nicht jeder ist ein begnadeter Hundeausbilder. Vielleicht neigen Sie dazu, schnell aus der Haut zu fahren, oder Sie sind eher inkonsequent und lassen gerne einmal »Fünfe gerade« sein. Beides ist für das Training nicht optimal.

Es ist natürlich am besten, wenn die Temperamente gut zusammenpassen. Aber man kann sich auch erziehen und die eigene Persönlichkeit beim Training mit einkalkulieren. Wichtig ist vor allem, die eigenen Gefühle unter Kontrolle zu halten, da gerade negative Gefühle – vor allem Wut – oft von Ihrem Hund mißverstanden werden und dadurch die Ausbildung behindert wird.

Den idealen Retriever gibt es nicht. Egal, welche Eigenschaften Ihr Hund aufweist – er akzeptiert Sie vorbehaltslos, so wie Sie sind. Und das sollten Sie auch tun!

Ruhe vor der Arbeit

Mancher Familienvater kann ein Lied davon singen, wenn er abends noch etwas mit seinem Hund tun möchte, dieser aber eher lustlos ist. Kein Wunder, er hat den ganzen Tag mit den Kindern gespielt, seine Energien ausgetobt, sehr viel Aufmerksamkeit von seiner Familie bekommen und jede Menge Streicheleinheiten. Erwartungsvoll und angespannt ist er dann ganz sicher nicht mehr. Es muß ja kein Zwinger sein, aber in jedem Haushalt findet sich ein ruhiges, isoliertes Plätzchen für ein bis zwei Stunden. Es ist sehr hilfreich, wenn der Hund vor dem Training einige Zeit allein in Ruhe zugebracht hat.

Es gibt auch bei Hunden Tage, an denen sie nicht so fit sind. Hündinnen kurz vor oder nach der Läufigkeit sind meist wesensmäßig etwas verändert. Junge Hunde machen während der Geschlechtsreife oft eine sensible Phase durch. Gönnen Sie Ihrem Hund während dieser Zeit eine Pause.

Es gibt auch bei Hunden Tage, an denen sie nicht so fit sind

Trainingspyramide

Der Trainingsaufbau ist mit einer Pyramide zu vergleichen. Zu Beginn wird eine sehr breite Basis gelegt und der Hund muß die größte Lernleistung vollbringen.

Als Fundament dienen die Grundübungen wie Sitz, Platz, Bleib, Fuß, Komm. Dazu kommt das korrekte Apportieren, Steadiness und Sitz auf Pfiff. Selbstverständlich sollte der Hund auch schwimmen können. Diese Basis wird z.B. bei der deutschen Begleithundeprüfung (leider ohne Wasser), beim holländischen und belgischen C-Diplom (bzw. Certificaat), bei der Brugsproeve in Dänemark (ohne Wasser) abgefragt.

Auf dieser Basis werden die drei Arten des Apportierens – Markieren, Einweisen und Suchen – aufgebaut. Der Hund lernt dafür die verschiedenen Kommandos mit den entsprechenden Handlungen zu verknüpfen, bis er diese dann solide beherrscht.

Der Trainingsaufbau ist mit einer Pyramide zu vergleichen

Die nächste Stufe bildet die Vertiefung und Erweiterung der Grund-Apportierarten. Die Entfernungen und Geländeschwierigkeiten werden gesteigert, die Anforderungen an die Steadiness erhöht, die verschiedenen Grundapportierarbeiten miteinander kombiniert (z.B. Einweisen über Wasser zu einer Verlorensuche oder auf eine Schleppe).

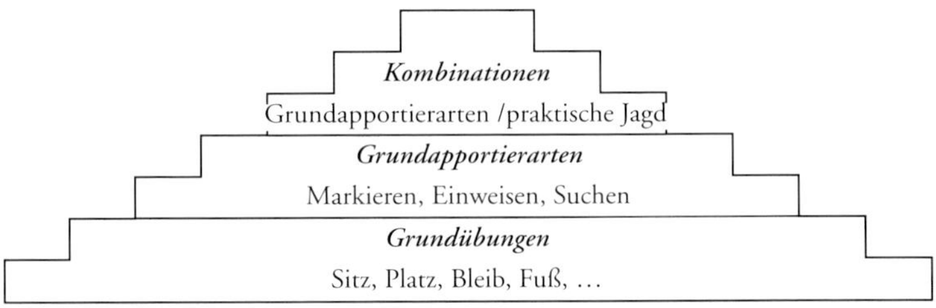

Je nach Begabung des Hundes, des Führers und der Zeit, die man aufbringen kann, sowie dem Interesse sind diesen Trainingsstufen kein Ende gesetzt. Es ist auch verständlich, daß nicht mehr so viele Hunde ein sehr hohes Niveau erreichen.

Unabhängig davon, wo das persönliche Ziel jedes einzelnen steht, das Fundament müssen alle beherrschen. Darauf baut alles auf. Und wie bei einer Pyramide geht es Stufe für Stufe voran. Wer beim Fundament nicht auf Standfestigkeit achtet, wird beim weiteren Aufbau über mangelnde Stabilität klagen und vielleicht nie so hoch bauen können, wie er gerne möchte.

Lerninhalte in kleinen Schritten

Wie bereits in dem vorherigen Absatz beschrieben, ähnelt der Trainingsaufbau einer Pyramide. Daraus folgt auch, daß grundsätzlich das Training schrittweise aufgebaut wird.

Jede Aufgabe läßt sich wie ein Puzzle in unterschiedliche Einzelschritte unterteilen. So sind in einer Einzelmarkierung die Steadiness (das ruhige Sitzen und Abwarten), das Beobachten des Falls, das Erinnern des Fallgebietes, das Loslaufen und Aufnehmen des Dummies, das Zurückkommen und das Ausgeben enthalten. Auf diese Weise lassen sich fast alle Aufgaben in unterschiedliche Einzelschritte unterteilen, die man separat üben kann.

Ein ganz einfaches Beispiel dafür ist, daß das Zurückkommen ohne Dummy auf Pfiff selbstverständlich und problemlos funktionieren sollte, bevor man erwartet, daß der Hund mit Dummy schnell und ohne Umwege zurückkommt. Folgende Übung kann dafür als Kontrolle dienen: Während eines Spazierganges warten Sie, bis sich Ihr Hund zufällig aus Ihrem Sichtbereich ca. 50 – 70 m entfernt hat. Geben Sie jetzt mit der Pfeife Ihr Komm-Kommando, aber keinesfalls weitere Hilfen oder Aufmunterungen. Kommt Ihr Hund sofort und direkt zu Ihnen zurück? Dann können Sie dieses auch mit Dummy erwarten. Falls nicht, oder auch nur mit »Haken und Ösen«, sollten Sie das Zurückkommen auf Pfiff nochmals trainieren.

Auch im weiterführenden Training ist es empfehlenswert, sich bestimmte Trainingsschritte separat vorzunehmen

Auch im weiterführenden Training ist es empfehlenswert, sich bestimmte Trainingsschritte separat vorzunehmen. Ein Beispiel dafür sind Geländeübergänge. Es kann der Inhalt einer Trainingseinheit sein, diese Schwierigkeiten speziell zu üben, indem man Markierungen über Wege, Zäune oder über unterschiedliche Bewuchshöhen trainiert. Dabei steht dann nicht die Weite der Markierungen im Vordergrund (diese sollten schon gut klappen), sondern das problemlose Überwinden von Übergängen.

Es passiert leicht, daß man ein oder auch zwei Augen zudrückt, wenn es gerade noch so geklappt hat, und für sich selbst diese Aufgabe als Erfolg wertet. Diese Unachtsamkeit in den Kleinigkeiten führt leicht dazu, daß man den tatsächlichen Trainingsstand des Hundes falsch einschätzt und sich später wundert, warum es überhaupt nicht klappt. Dann jedoch haben sich bestimmte Verhaltensweisen (z.B. nachlässiges oder langsames Zurückkommen) schon verfestigt und sind sehr viel schwerer wieder zu korrigieren. Hinzu kommt, daß man den Hund leicht überfordert.

Schrittweiser Aufbau des Trainings

Für alle Seiten ist es am erfolgversprechendsten, wenn man Schritt für Schritt vorangeht. Erst wenn ein Hund eine bestimmte Aufgabe sicher und mit scheinbarer Leichtigkeit löst, hat er es wirklich verstanden und man kann darauf aufbauen. Sie haben sehr viel Zeit und kommen auf diese Weise genauso schnell (wenn nicht schneller) zum Ziel, als wenn Sie im späteren Trainingsverlauf wieder zu den Basisübungen zurückkehren müssen, weil hier auf einmal große Fehler auftreten.

Fehler separat korrigieren

Wie wir bereits gesehen haben, lernt der Hund am schnellsten durch Erfolg. Es passiert jedoch immer wieder, daß etwas nicht klappt. Sobald es sich dabei um Basisfehler handelt, wird die Angelegenheit schwierig.

Wenn Sie z.B. eine Markierung arbeiten und der Hund diese mit Erfolg absolviert, jedoch beim Zurückkommen trödelt oder das Dummy fallenläßt, so macht man den Erfolg dieser Trainingseinheit zunichte, indem man den Hund dafür bestraft, daß er das Dummy fallengelassen hat. Es ist dann sehr viel besser, diese Unart ohne viel Aufhebens zu korrigieren.

Später sollte jedoch eigens für diesen (oder einen anderen) Fehler eine eigene Trainingseinheit angesetzt werden, deren Inhalt dann beispielsweise das einwandfreie Zurückbringen, Festhalten und Ausgeben ist.

Wann immer Fehler auftreten, die mit der Basis des Apportierens zu tun haben, hat es keinen Zweck weiterzumachen. Ein Hund, der einspringt, mag die Markierung noch so gut arbeiten, die Übung würde bei einer Prüfung mit 0 Punkten bewertet. Eine Doppelmarkierung ist erst recht nicht möglich, da der einspringende Hund das zweite Stück oft gar nicht mehr fallen sieht. Gleiches gilt z.B. auch für das Tauschen von Dummies bei der Verlorensuche.

Gerade beim Korrigieren von Fehlern stellt man sich oft selbst ein Bein. Wenn ich z.B. den jungen Hund absitzen lasse, um ein Dummy für das Voranschicken auszulegen, kann es vorkommen, daß der Hund aufsteht und einige Schritte hinterherkommt. Ich neige dazu, diesen Fehler mit einem neuen Kommando Sitz zu beantworten. Völlig falsch!

Vermeiden Sie es unbedingt, eine unkorrekte Handlung des Hundes mit einem neuen Kommando zu vertuschen. Der Hund lernt dadurch überhaupt nichts. Fehler sind eine wunderbare Sache, denn sie ermöglichen es uns, dem Hund klarzumachen, was er tun soll und was nicht. Also keine Angst vor Fehlern!

Wissenswertes über Ihren Hund

Es ist sicher hilfreich, in einer Gruppe zu trainieren. Es wird jedoch oft vorkommen, daß Sie allein mit Ihrem Hund beim Training sind und einfach nicht weiterwissen. Dieses Kapitel will versuchen, Ihnen einiges Hintergrundwissen zum Hund und Trainingsaufbau zu vermitteln. Das mag Ihnen helfen, Ihren Hund besser zu verstehen.

Sinnesorgane beim Hund

Zum Erreichen des Zieles (nämlich Jagderfolg) setzt der Hund wie sein Urvater, der Wolf, seine Sinnesorgane ein: Nase, Augen und Ohren.

Nun sind, wie wahrscheinlich alle von Ihnen bereits wissen, diese Organe anders gestaltet und ausgebildet als bei uns Menschen.

Der Mensch kann sich mit dem Hund auch über weite Entfernungen noch mit Bewegungen verständigen

Der Hund kann zum Beispiel auch kleinste Bewegungen auf relativ große Entfernung noch wahrnehmen, jedoch stillstehende Objekte schlechter sehen als wir. Dies spielt u.a. eine Rolle bei Markierungen, aber auch beim Einweisen. Der Mensch kann sich mit dem Hund auch über weite Entfernungen noch mit Bewegungen verständigen, wenn dies vorher eingeübt wurde – z.B. Richtungshinweise geben.

Nach den neuesten wissenschaftlichen Erkenntnissen ist der Hund nicht vollständig farbenblind. Er nimmt Farben im Bereich violett oder blauviolett als blau wahr und im Gebiet grüngelb, gelb und rot wahrscheinlich als gelb, das restliche Spektrum in unterschiedlichen Grau-Tönen. Praktisch heißt dies, daß orange Dummies als gelb wahrgenommen werden und grüne wahrscheinlich grau.

Selbstverständlich ist die Nase des Hundes um ein vielfaches besser als bei uns Menschen. Das befähigt ihn, auch schwache Witterungen und Gerüche wahrzunehmen, Spuren zu verfolgen und zu suchen. Dazu nimmt er den Wind zu Hilfe. Für uns ist es beim Training wichtig, dem Hund in eine Position zu verhelfen, in der er in optimaler Weise mit Hilfe des Windes seine Nase zum Einsatz bringen kann.

Auch sein Gehör ist sehr viel besser entwickelt als unseres. Gerade das wird oft unterschätzt. Bei Markierungen zum Beispiel spielt das Gehör eine wichtige Rolle. Der Hund sieht nicht nur etwas fallen, er hört vor allem den Aufprall. So kann er sich auch richtungsmäßig orientieren, wenn er den konkreten Fall eines Dummies nicht genau gesehen hat, dafür aber den Aufprall, z.B. im Wasser, gehört hat.

Erst das Zusammenspiel dieser Sinnesorgane macht die Leistungsfähigkeit des Hundes so herausragend. Es ist eine verblüffende Tatsache, daß Jagdhunde, deren Sehkraft nachläßt, immer noch hervorragende Jagdhelfer sind. Den meisten Menschen fällt eine solche Behinderung erst einmal gar nicht auf, weil der Hund die mangelnde Augenleistung durch Gehör und Nase ausgleicht.

Intelligenz beim Hund

Wir wissen bisher nur wenig darüber, wie es um die Intelligenz eines Hundes beschaffen ist. Für viele von uns ist es immer noch ein Wunder, zu welchen Leistungen Hunde fähig sind. Es kann daher ganz nützlich sein, sich mit den Grundlagen der hundlichen Intelligenz auseinanderzusetzen.

Zunächst einmal werden die einzelnen Hunderassen durch jahrhundertelange Zuchtauswahl mit einer spezifischen instinktiven Intelligenz geboren. Dabei wurde das natürliche Triebpotential in eine bestimmte Richtung hin selektiert, beispielweise das Hüten oder Vorstehen. Ein Hund mit einer hohen instinktiven Intelligenz wird fast automatisch auf einen bestimmten äußeren Reiz hin ein bestimmtes Verhalten zeigen. Bei den Retrievern ist dies das Apportieren, das Markieren sowie der Einsatz der Nase und Verhaltensweisen, die man etwas verschwommen Jagdverstand und Arbeitsstil nennt. Diese instinktive Intelligenz ist unterschiedlich stark ausgeprägt und wurde bei den so genannten Field-Trial-Linien besonders gefördert.

Eine zweite Komponente, die für die Zusammenarbeit mit dem Menschen (falls gewünscht) unbedingt wichtig ist, kann man Arbeitsintelligenz nennen. Bei den Wölfen jagen die Tiere in Gruppen, deren Handeln vom Leittier des Rudels koordiniert wird. Diese Bereitschaft, sich in den Jagdverband einzufügen und Anweisungen vom Rudelführer entgegenzunehmen, ist in die Arbeitsintelligenz eingeflossen. Grob könnte man es die Bereitschaft nennen, einen bestimmten Platz im Jagdverband (Mensch – Hund) einzunehmen und gemeinsam Aufgaben zu lösen. Die Persönlichkeit des einzelnen Hundes spielt hierbei eine große Rolle.

Zu dieser Form von Intelligenz gehören weiterhin eine lange Aufmerksamkeitsspanne, Beharrlichkeit in der Verfolgung von Zielen, eine gewisse geistige Beweglichkeit, ein Maß an Selbstbeherrschung, um sich nicht ablenken zu lassen, und natürlich eine hohe Kommunikationsfähigkeit. Bei manchen Rassen, wie z.B. Border Collies (Hütehundrasse), ist diese Form der Intelligenz besonders hoch ausgeprägt, da sie sehr eng mit dem Menschen zusammenarbeiten und sich auch über große Entfernungen hinweg lenken lassen müssen. Währenddessen bei Terriern dies in weit geringerem Maße der Fall ist. Durchaus sinnvoll, da er als Bauhund, z.B. bei der Jagd auf Fuchs oder Dachs, äußerst selbständig arbeiten muß.

Eine dritte Komponente bildet die adaptive Intelligenz

Eine dritte Komponente bildet die adaptive Intelligenz (= Aneignung). Diese könnte man im weitesten Sinne mit der Fähigkeit beschreiben, anhand von Versuch und Irrtum sowie unter Zuhilfenahme früherer Erfahrungen für sich selbst Problemlösungen zu finden. Vielfach fällt gerade im Alltag diese Form der hundlichen Intelligenz negativ auf: Sie lernen, den Mülleimerdeckel zu entfernen, Türen zu öffnen, Zäune zu überwinden, kurzum eine erstaunliche Vielfalt von Dingen, die Ihre Besitzer in Staunen versetzt und zur Verzweiflung treibt. Bei der Arbeit jedoch wird dieser Hund immer versuchen, bei unerwarteten Schwierigkeiten auf Erlerntes und Erfahrung zurückzugreifen und zunächst einmal selbst eine Lösung zu finden.

Lernformen

Es gibt einige Dinge im Leben eines Hundes, die er einfach nicht lernen muß. Instinktiv bewegen sich Welpen zur Zitze und saugen. Im Lexikon findet man unter Instinkt folgendes: »Ererbte und arteigentümliche Verhaltens- und Bewegungsweisen bei Mensch und Tier«. Die meisten Hunde laufen von sich aus einem sich bewegenden Gegenstand hinterher. Und so gibt es viele Verhaltensweisen mehr.

Eine sehr wichtige Form des Lernens ist die durch Versuch und Irrtum

Eine sehr wichtige Form des Lernens ist die durch Versuch und Irrtum. So ist z.B. die erste Fütterung von Welpen zumeist ein rechtes Abenteuer, das zu größeren Verschmutzungen von Boden, Züchter und Welpen führt. Jedoch spätestens nach einigen Tagen haben sie es gelernt, einigermaßen sauber und manierlich aus einer Schüssel zu fressen. Versuch und Irrtum spielen oft auch eine Rolle, wenn es darum geht, die Absperrung der Wurfkiste zu überwinden. Erst merkt der Welpe, daß sein Bewegungsspielraum durch die Absperrung eingeengt ist. Vielleicht richtet er sich wenig später zufällig im Spiel einmal auf und stellt fest, daß er über diese Mauer hinwegsehen kann. Wieder etwas später wird er versuchen, seiner Mutter, die in lässigem Sprung die Absperrung überwindet, zu folgen. Nach einigen Versuchen hat er die Erfahrung gemacht, daß dieses Hindernis überwunden werden kann. Und dabei kommt noch ein weiterer Faktor hinzu – das Nachahmen. Hat es nämlich erst einmal ein Welpe geschafft, so folgen binnen kurzer Zeit auch die anderen. Und zusätzlich tritt nun der Faktor Erfahrung ein. Haben Welpen erst einmal gelernt, ein Hindernis zu überwinden, so werden sie diese Erfahrung auch in vergleichbaren Situationen anwenden.

Wir Menschen wollen nun, daß das Tier lernt, bestimmte Handlungen mit bestimmten Kommandos zu verknüpfen. Dies geschieht am besten durch Wiederholung und Erfolg. Die Bereitschaft, bestimmte Handlungen durchzuführen, ist natürlich sehr viel höher, wenn diese im Instinkt-Bereich des Hundes verankert sind und dem Hund Freude machen bzw. einen Lustgewinn (z.B. Fressen) verschaffen.

Unsere jüngste Labrador-Hündin ist beispielsweise eine begeisterte Schwimmerin, die von sich aus weite Wasserflächen überquert. Das Schikken an ein anderes Ufer auf Kommando wird sie sehr schnell lernen.

Eine weitere Methode, dem Hund etwas beizubringen, ist Zwang. Fast jeder erinnert sich noch an die Parforce-Methoden früherer Generationen. Dem Hund wird so lange Schmerz zugefügt, bis er eine bestimmte Handlung ausführt. Der Schmerz hört dann auf. Das Apportierenlernen mit einem Korallenhalsband ist dafür ein Beispiel. Dem Hund wird ein Korallen- oder Stachelhalsband angelegt. Dann wird das Kommando Apport gegeben, worauf er meistens nicht reagiert, da er es nicht kennt. Jetzt wird das Halsband kräftig zusammengezogen und dem Hund dadurch Schmerz zugefügt, bis er den Fang öffnet. Sofort wird das Apportel in den Fang geschoben und der Schmerz hört auf. Dieser Hund lernt apportieren, um den Schmerz zu vermeiden. Selbstverständlich wird daraus kein freudiges Arbeiten entstehen. Jedoch ganz ohne Einschränkungen wird es auch in unserem Training nicht gehen. Und wenn dies nur bedeutet, daß Sie dem Hund klarmachen, welche Handlungen Sie wünschen – und welche nicht. Der Hund wird bestimmte Handlungen meiden, weil sie mit unangenehmen (nicht schmerzhaften) Erfahrungen verbunden sind. Daraus ergibt sich, daß man beim Training den Hund für erwünschte Verhaltensweisen lobt und unerwünschte entweder ignoriert oder verhindert.

Die Lerngeschwindigkeit ist von Hund zu Hund unterschiedlich

Die Lerngeschwindigkeit und bevorzugte Form des Lernens sind von Hund zu Hund unterschiedlich. Es gibt Hunde, die mehr Wiederholung brauchen und sehr viele Erfolgserlebnisse, um bestimmte Dinge zu begreifen. Andere lernen sehr schnell, brauchen jedoch immer wieder eine Auffrischung. Auch in diesem Fall ist es wichtig, sich der individuellen Art des Hundes anzupassen.

Derzeit haben wir zwei junge Hündinnen, die ganz unterschiedlich lernen. Die Hündin meines Mannes strebt in neuen, schwierigen Situationen immer danach, selbst eine Lösung zu finden. Meine eigene Hündin braucht etwas länger und ist in neuen Situationen erst einmal vorsichtig. Sobald sie jedoch etwas verstanden hat, ist das Erlernte immer wieder abrufbar.

Dinge, die ein Hund selbst durch Versuch und Irrtum gelernt hat, sind eine sehr viel tiefsitzendere Lernerfahrung als solche, die wir dem Hund antrainieren. So ist es wichtig, dem Hund so weit wie möglich die Gelegenheit zu geben, selbst eine Problemlösung zu finden, möglichst bevor er frustriert aufgibt oder zu unabhängig von uns wird. Dies ist ein kleiner Tanz auf Messers Schneide.

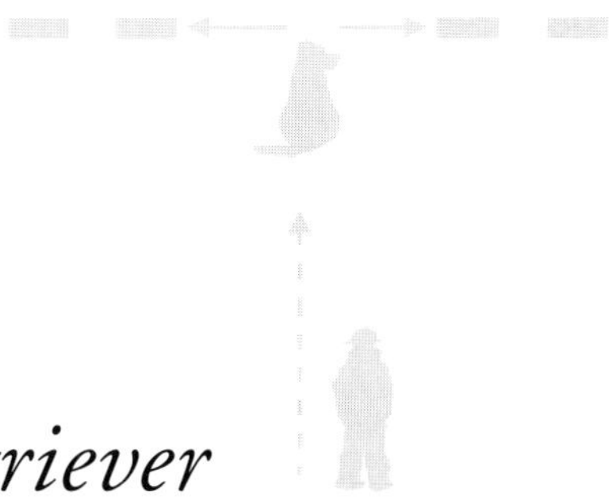

Der Retriever als Jagdhund

Wie schon zu Beginn dieses Buches gesagt, sind Sie als Besitzer gefordert, das Training und die einzelnen Aufgaben so zu gestalten, daß der Hund die größtmögliche Chance zum Erfolg hat. Sie haben den Überblick und das Wissen, um es Ihrem Hund leicht zu machen.

Hierin unterscheiden sich erfahrene und begabte Hundeführer von uns Durchschnitts-Menschen. Sie erfassen mit einem Blick die Situationen, schätzen Wind und Geländeschwierigkeiten richtig ein und reagieren genau im richtigen Moment. Sie sind in Gedanken ihrem Hund immer einen Schritt voraus.

Ein erfahrener englischer Field-Trial Richter und Hundeführer sagte einmal, es sei besser, eine Stunde Training so zu verbringen, daß man notfalls eine Stunde damit zubringt, genau das Gelände und den Wind einzuschätzen, bevor man eine Aufgabe aussetzt, die der Hund dann erfolgreich in kurzer Zeit erledigt.

Die nachfolgenden Informationen sollen dazu beitragen, daß Sie selbst ein wenig mehr dazu in der Lage sind.

Die Ursprünge und die Gegenwart

Auch wenn Sie zukünftig »nur« mit Dummies arbeiten wollen, ist es unerläßlich, ein wenig über die Einsatzweise des Retrievers als Jagdhund zu wissen. Alle Apportierarbeit geht auf diesen Ursprung zurück. Vieles in Prüfungen bezieht sich wiederum auf den jagdlichen Einsatz.

Im Ursprungsland der meisten Retrieverrassen – England – hat Jagd eine lange und auch etwas andere Tradition als bei uns in Deutschland. Sie ist gerade im Leben der ländlichen Bevölkerung fest verankert. Die Jagd auf Niederwild – Fasane, Rebhühner, Hasen, Kaninchen, Enten, Gänse etc. – stellt für manchen Bauern eine zusätzliche Einnahmequelle dar. Dabei geht es nicht nur um das Wild für den eigenen Nutzen, oft werden Jagdtage an Interessenten verkauft. So findet man in vielen Gegenden nahezu ideale Bedingungen für Niederwild – Hecken, Steinmauern, kleine Gehölze etc. bieten ausreichend Deckung.

Während die meisten deutschen Jäger einen vielseitig einsetzbaren Jagdhund schätzen, haben Engländer »Spezialisten« gezüchtet. Vorstehhunde, um Wild anzuzeigen (z.B. Pointer, Setter), Stöberhunde, um das Wild aus der Deckung zu treiben (z.B. Spaniels), und nicht zuletzt Apportierhunde, die speziell nach dem Schuß eingesetzt werden – vor allem unsere Retriever, um in den Besitz des geschossenen Wildes zu gelangen. Die Kombination aus Spaniel und Retriever beispielsweise ist bei vielen britischen Jägern überaus verbreitet.

Die große Zeit des Retrievers begann, als man zur Jagd schnell nachladbare Waffen einsetzte

Die große Zeit des Retrievers begann, als man zur Jagd schnell nachladbare Waffen einsetzte, also ungefähr Mitte bis Ende letzten Jahrhunderts. Auf diese Weise wurde es möglich, kurz hintereinander mehr Wild zu schießen. Vor dieser Zeit hatte man sich vor allem Vorstehhundrassen bedient, die in einer bestimmten Position »einfrieren«, um damit Wild anzeigen. Dadurch hatte der Jäger genügend Zeit, sich auf einen gezielten Schuß einzustellen. Dazu hatte er auch nur einmal die Gelegenheit, denn das Nachladen erforderte eine gute Zeitdauer. Mit dem technischen Fortschritt in der Waffenherstellung wurde diese Form der Hundearbeit weniger entscheidend für den Jagderfolg. Schnell ladbare, vor allem auch doppelläufige Waffen, ließen weitere Schüsse auch auf flüchtendes Wild zu.

An den Retriever werden bestimmte Anforderungen gestellt, damit er seine Aufgabe optimal erfüllen kann – das Auffinden und Zurückbringen von erlegtem (oder angeschossenem) Niederwild. Dazu gehören eine ausgeprägte Standruhe, eine gute Nase, Wasserfreudigkeit, gute Markierfähigkeit und Lenkbarkeit. Es ist selbstverständlich, daß er das Wild unversehrt zurückbringen soll, schließlich ist es zum menschlichen Genuß bestimmt. Ganz allgemein legt man Wert darauf, daß der Retriever ruhig, schnell und zuverlässig arbeitet.

Da es sich bei den britischen Jagden überwiegend um Gesellschaftsjagden handelt, auf denen viele Hunde oft auch gleichzeitig eingesetzt werden, war es unabdingbar, daß der Retriever jederzeit verträglich mit seinen Artgenossen ist. Selbstverständlich kann in diesem Zusammenhang auch keinerlei aggressives oder mißtrauisches Verhalten gegenüber Menschen geduldet werden.

Während vor dem 2. Weltkrieg Retriever fast ausschließlich im Besitz von adligen Großgrundbesitzern standen, und diese sie von ihren Game-Keepern (professionelle Wildhüter) zur Jagd einsetzen ließen, erfreuten sie sich nach dem Krieg auch wachsender Popularität als Familien- und Ausstellungshund. Es ergab sich eine Trennung innerhalb der Rasse, wobei die heutigen Jagd-Retriever (Field-Trial Linien) nur noch sehr wenig gemein haben mit den sogenannten »Show-Linien«, die den größten Teil der heutigen Familienhunde ausmachen. Dies gilt sowohl für England, mittlerweile jedoch genauso bei uns in Deutschland.

In Deutschland wird der Retriever als Jagdhund oft eher als »Allrounder« eingesetzt, abhängig vom jeweiligen Revier und den Anforderungen, die dieses Revier an einen Jagdhund stellt. Es gibt einige Retriever, die sich hervorragend dafür eignen, wie ein Schweißhund verwundetes Wild nachzusuchen. Dies ist jedoch ein ganz eigenes Feld, das dem praktischen Jäger überlassen bleiben sollte.

Jagdpraxis

Wer mit einem Jagdhund arbeitet, wird sich zwangsläufig mit Jagd auseinandersetzen müssen. Auch die sportliche Arbeit mit Retrievern hat ihren Ursprung in der Jagd und als Ziel einen Jagdhund. Wir sind uns durchaus bewußt, daß viele unserer Leser Vorbehalte gegenüber Jagd und Jägern haben, teilweise verständlich, teilweise auch aus Vorurteilen genährt. Ganz gleich, wie Ihre Einstellung ist, das Wie und Warum in der Apportierarbeit ist nur auf dem Hintergrund von Jagd zu verstehen.

Viele Regeln der retrieverspezifischen Dummy-Arbeit kommen aus der Jagdpraxis und sind für den Anfänger zunächst einmal nicht leicht nachvollziehbar.

Zwei der (nicht nur) in England gebräuchlichen Jagdformen auf Niederwild sind das Standtreiben (driven Shoot) und ein Treiben in der Linie (walk up).

Beim Standtreiben wird ein Geländeschlag von Treibern – meist mit Stöberhunden, Spaniels – durchkämmt, um das Wild aufzubringen. Die Schützen sind am Geländerand abgestellt. Die Hunde sitzen ruhig neben den Schützen, beobachten den Fall des Wildes und warten in der Regel (Ausnahme: angeschossenes Wild – »Runner«) bis zum Ende des Treibens. Dann erst werden sie zum Apportieren des geschossenen Wildes geschickt. Das verdeutlicht auch, warum es wichtig ist, daß auch der Hundeführer sich gut merkt, wohin das geschossene Wild gefallen ist. Manche Vögel hat der Hund vielleicht selbst beobachten können (markiert), manche nur der Hundeführer gesehen (Einweisen), manche wird vielleicht ein Schütze bezeichnen (Verlorensuche). Ein Hund, der hier unhaltbar einspringt, kann die danach geschossenen Stücke nicht mehr markieren und stört den gesamten Jagdverlauf.

Beim Treiben in der Linie läuft eine Kette von Schützen, Treibern und Hundeführern durch beispielsweise ein Rübenfeld. Dabei wird Wild aufgestöbert. Die Linie stoppt und das Wild wird geschossen. Stellen

Sie sich vor, Sie selbst wären der Schütze und ihr Hund säße angeleint neben Ihnen. Ein Fasan geht hoch, Sie wollen schießen, aber Ihr Hund springt ein. Unmöglich, unter solchen Bedingungen noch zu einem gezielten und sicheren Schuß zu kommen. Ein Hund, der unkontrolliert einspringt, wird den ganzen Ablauf stören. Diese Situation wird in der Dummy-Prüfung als sogenannter Walk-up nachgestellt.

Warum aber sind vermeintliche Kleinigkeiten wie Tauschen oder das Dummy ablegen so wichtig? Stellen Sie sich einfach vor, bei dem Dummy handelt es sich um beispielsweise eine angeschossene Ente. Daraus ergibt sich, daß es elementar wichtig ist, daß der Hund das Stück sofort aufnimmt, nicht tauscht, nicht knautscht, nicht unversehrtes Wild hetzt, das Stück nicht mehr ablegt und sofort zu Ihnen zurückkommt, um es dann problemlos auszugeben.

Die einfache Flintenschuß-Entfernung beträgt ca. 35 – 40 m. Dies zu wissen, ist bei der Aussetzung von Aufgaben von Bedeutung.

Wind und Gelände

Der wichtigste Helfer für Mensch und Jagdhund ist der Wind und die Witterung. Gerade dies können die meisten Menschen nicht richtig einschätzen. Auch die beste Nase nützt nichts, wenn der Hund sich auf der falschen Seite des Windes befindet.

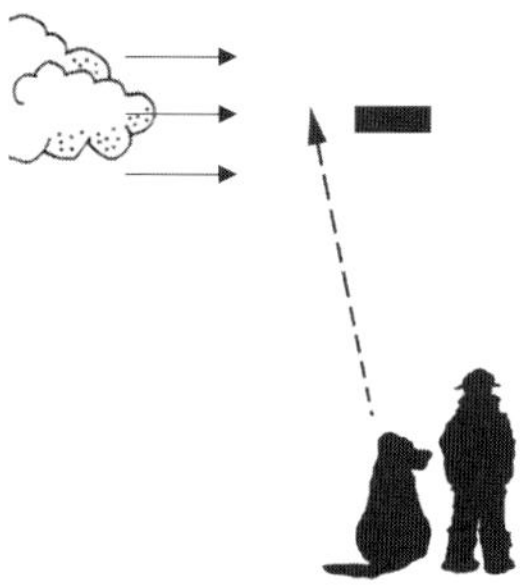

Die erste und wichtigste Sache ist deshalb, noch vor der ersten Aufgabe festzustellen, aus welcher Richtung der Wind kommt. Werden doch durch ihn die Geruchsmoleküle von Dummy oder Wild der Hundenase zugetragen, so daß der Hund diese auch einsetzen kann.

Wenn Jagdhunde ein Gelände absuchen, holen sie sich normalerweise Wind. Das bedeutet, sie gehen ein Stück mit dem Wind und suchen dann im Zick-Zack zurück.

Schickt man sie mit Seitenwind, so driften sie auf einer geraden Strecke normalerweise ein Stück mit dem Wind.

Bei Rückwind neigen sie dazu, sich irgendwann zurückzusuchen. Sehr ungern gehen die Hunde direkt in den Wind. Dies entspricht nicht ihren Instinkten. Sehr schnell wird der Hund dann anfangen zu revieren. Den Seglern unter ihnen wird dies bekannt vorkommen – sie kreuzen vor dem Wind.

Gerade zu Beginn ist es nicht ganz einfach, den Wind immer zu bedenken. Sie schicken (gerade beim Einweisen) ihren Hund so, daß er eigentlich gar keine Witterung bekommen kann. Besonders schwierig wird dies, wenn der Wind dreht oder aber durch das Gelände schwierige Windverhältnisse gegeben sind. So kann ein Hügel oder dichter Wald hinter einer Wiese den Wind sich drehen lassen.

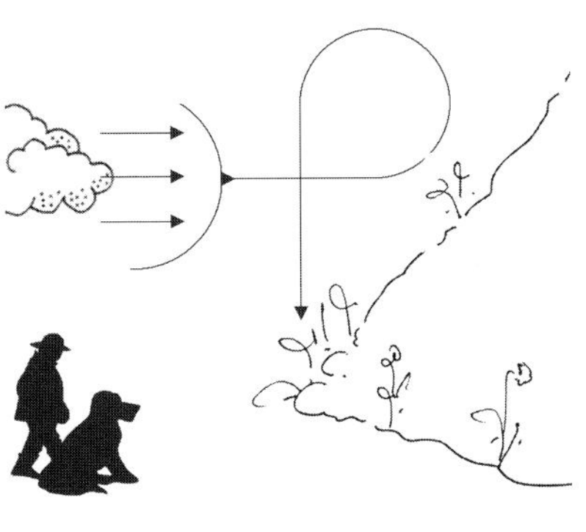

Vielleicht wird es einige Zeit dauern, bis Ihnen diese Dinge in Fleisch und Blut übergehen. Die genaue Einschätzung des Windes während der Arbeit des Retrievers unterscheidet einen hervorragenden Führer von einem Guten.

Gelände

Auch die richtige Einschätzung des Geländes mit all seinen Besonderheiten ist von enormer Wichtigkeit.

Zunächst einmal ist es wichtig, sich der Sichtweise des Hundes zu vergewissern. Sein Blickwinkel ist aufgrund seiner Größe ein ganz anderer als unserer. Es ist praktisch, sich vor einer Aufgabe auf seine Höhe

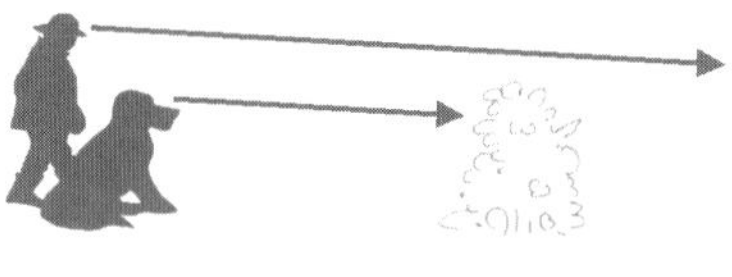

zu begeben, um sein Sichtfeld zu prüfen.

Ein Grasbüschel, das Ihnen ganz unbedeutend vorkommt, kann das Sichtfeld des Hundes schon enorm einschränken.

Die meisten Gelände weisen unterschiedliche Untergründe, Einschnitte und Begrenzungen auf. So ist z.B. der Übergang von einer Wiese zu einem mit noch niedrigem Getreide bewachsenen Feld für uns relativ unbedeutend. Gerade für den unerfahrenen Hund ist dies durchaus von Wichtigkeit. Um so mehr gilt dies für Wege, Gräben, Zäune, Buschhecken usw. Hunde orientieren sich normalerweise an diesen natürlichen Geländebegrenzungen. Das kann beim Training von Vorteil sein, z.B. als Hilfsmittel beim Einweisen, aber auch zu oft unerwarteten Schwierigkeiten führen:

Ist es doch ein Unterschied, ob Sie eine Markierung von z.B. nur 30 Metern Entfernung auf einer Wiese werfen oder dieselbe Entfernung auf ein Gelände, das von einem Weg unterbrochen wird. Im Trainingsaufbau ist es wichtig, diese Geländegegebenheiten zu berücksichtigen, d.h. Geländeübergänge und unterschiedliche Bewuchsarten und -höhen sollten auch gezielt trainiert werden. Ein dichter Wald hinter einer Wiese kann für einen Hund optisch wie eine Mauer wirken. Für einen jagdlich erfahrenen Hund kann es eine große Schwierigkeit bedeuten, Buschwerk und Dikkicht zu ignorieren und eine offene Fläche (z.B. eine Wiese) anzunehmen, weil seine Erfahrung ihn gelehrt hat, daß das Wild gerade in der Deckung sitzt.

Bei Markierungen in hügeligem Gelände ist es für den Hund einfacher, den Berg hinunter zu arbeiten. Die Entfernung nach oben ist für den unerfahrenen Hund schwerer einzuschätzen. Dies gilt auch, wenn während der Arbeit Senken oder Einschnitte zu überwinden sind. Die Sichtweise ist dann eine ganz andere als vom Ausgangspunkt.

Das Einschätzen des Schwierigkeitsgrades von Deckung ist gerade für den Anfänger nicht einfach. Es kommt dabei nicht nur auf die Höhe an, sondern auch auf den Bewuchs. So ist ein großer Unterschied zwischen einer 20 cm hohen Wildwiese und einem genauso hohen Rübenfeld, decken doch die großen Rübenblätter alles darunterliegende fast vollständig zu und lassen auch kaum Geruchspartikel aufsteigen. Im Zweifelsfall sollten Sie bei unbekanntem Bewuchs erst einmal mit einer einfachen Aufgabe testen, wie Ihr Hund reagiert.

Im Wasser ist die Sichtweite des schwimmenden Hundes stark eingeschränkt. Dies wird vom Führer, der ja am Ufer steht, oft unterschätzt. Ein tief im Wasser liegendes Stück kann vom Hund nur schwer gesehen werden. Hinzu kommen Spiegelungen auf der Wasseroberfläche oder Wellengang.

In der Einschätzung des Geländes zählt die Erfahrung

Auch in der Einschätzung des Geländes zählt die Erfahrung. Und die läßt sich leider durch kein Buch vermitteln. Genaues Beobachten und auch die Zeit sind jedoch gute Verbündete.

Gerade im Hinblick auf Gelände gilt: Vor jeder Aufgabe sollten Sie das Übungsgelände auf mögliche Schwierigkeiten und Hilfen genau prüfen und einschätzen.

Optimal ist ein mittlerer Wind und leichte Feuchtigkeit

Ein zusätzlicher Punkt bei der Geländeeinschätzung sind die Witterungsverhältnisse. Direkt vor unserem Haus befinden sich z.B. Wiesen und Felder. Je nach Jahreszeit, Tageszeit und Wetterverhältnissen ist dieselbe Landschaft für den Hund (und uns) jedesmal anders.

Es ist sicherlich einleuchtend, daß Sonne, Trockenheit und wenig Wind für den Hund, der ja seine Nase einsetzen soll, sehr schwere Voraussetzungen darstellen. Die Witterung ist gegen ihn. Dies gilt auch für starken Regen und wenig Wind oder für Schnee. Auch ein Sturm macht es dem Hund nicht leicht.

Optimal ist hingegen ein mittlerer Wind und leichte Feuchtigkeit. Ein Frühlingsmorgen mit etwas Tau und leichter Brise bietet gute Witterungsbedingungen, um die Nase optimal einzusetzen.

Nun läßt sich das Wetter nicht von uns beeinflussen. Auch an Prüfungs- oder Jagdtagen muß man notgedrungen das Wetter so nehmen wie es ist. Beim Training jedoch können Sie diese Witterungsbedingungen ins Kalkül ziehen und die Aufgaben entsprechend gestalten.

Praktisches Training

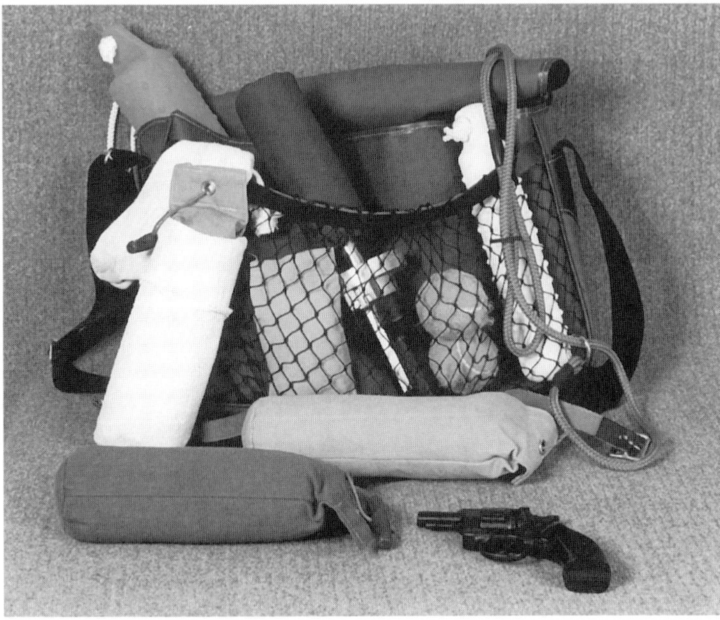

Das Handwerkszeug

Sie benötigen nicht viele Utensilien, um mit Ihrem Hund zu arbeiten. Einige sind jedoch trotz allem notwendig.

Als erstes sei eine Leine genannt. Diese ist eigentlich von nicht so großer Bedeutung, da Sie größtenteils ohne Leine arbeiten. Trotzdem ist sie sehr nützlich, da Sie damit Ihren Hund sicher bei sich wissen und entspannen können. Dies gilt natürlich um so mehr, wenn Sie in einer Gruppe arbeiten. Hierbei sollten Sie den Hund immer an die Leine nehmen, wenn Sie nicht an der Reihe sind. Wir persönlich benutzen sogenannte Moxon-Leinen, bei denen Leine und Halsband in einem sind. Sie haben den Vorteil, daß man sie leicht abstreifen kann, der Hund ist dann ohne jegliche behindernde oder gefährdende Halsung. Zudem lassen sie sich leicht in die Tasche stecken. Übrigens: Bei den meisten Prüfungen darf der arbeitende Hund keinerlei Halsung tragen.

Eine Pfeife ist unbedingt notwendig. Hier werden verschiedene Varianten angeboten. Gebräuchlich sind Doppelton-Pfeifen, die einen Triller (tiefen Ton) und einen hohen Ton aufweisen. Der Triller wird u.a. für das Abstoppen benutzt, der helle Ton für das Kommen. Diese Pfeifen gibt es aus Horn, Kunststoff und Metall. Manche benutzen nur eine Pfeife mit hellem Ton und nutzen diese auch für den Halt-Pfiff.

Die Pfeife sollte gut zwischen den Lippen zu halten, leicht und auch bissfest sein. Sie sollte auch bei unterschiedlichen Blasstärken immer einen gleich frequenten Ton erzeugen und selbstverständlich nicht zu überblasen sein. Wir persönlich bevorzugen Kunststoff-Pfeifen, da sie eine standardisierte Frequenz haben und somit der Hund auch bei häufigerem Pfeifenwechsel nicht irritiert wird.

Die Kommandos sollten kurz und prägnant sein

Die Kommandos sollten kurz und prägnant sein sowie immer in gleicher Weise gegeben werden. Leider sieht man viel zu häufig Hundeführer, die Ihren Retriever mit einem wahren Konzert an Pfeifenkommandos überschütten, ohne auch nur annähernd einen Funken von Verständnis zu erzielen. Sollte Ihr Hund auf ein Pfeifensignal nicht in gewünschter Form reagieren, nützt es meist nichts, dieses in weiteren Variationen und Lautstärken dem Vierbeiner hinterherzuschicken. Üben Sie dieses separat, es ist Teil der Unterordnung.

Unabdingbar sind natürlich Apportel. Auch hier gibt es die verschiedensten Ausführungen. Für Prüfungen ist ein grünes Canvas-Dummy von ca. 500 Gramm vorgeschrieben, welches auch schwimmt. Diese gibt es mit einer Füllung aus Naturmaterial oder Kunststoff. Achten Sie darauf, daß das Dummy gut und weit zu werfen ist. Wir empfehlen die Anschaffung von mehreren Dummies unterschiedlicher Hersteller, da es in einer Prüfung nicht immer gewährleistet ist, daß Sie mit dem eigenen Dummy auch arbeiten. Für den Anfang brauchen Sie sicher ca. 6 – 10 Standard-Dummies, die Sie am besten mit Ihrem Namen versehen und durchnumerieren.

Darüber hinaus gibt es noch Dummies in verschiedenen Größen, vom Welpen-Dummy bis hin zum sehr schweren »Hasen«-Dummy.

Sogenannte Wasser-Dummies aus Kunststoff, die sehr hoch im Wasser liegen und deshalb vom Hund (und Mensch) gut zu sehen sind, mögen im Einzelfall bei der Wasserarbeit ganz nützlich sein. Sie können jedoch unserer Erfahrung nach auch zum »Knautschen« verleiten.

Im Bedarfsfall kann man das Dummy mit einer Federwildschwinge oder einem Hasenbalg umwickeln, die mit zwei breiten Gummibändern problemlos angebracht werden können, oder man steckt es in einen weißen Socken, damit es bei den Anfangsübungen fürs Einweisen vom Hund besser gesehen werden kann. Diese Socken können im Gegensatz zum Dummy gewaschen werden. Jedes Dummy nimmt mit der Zeit seinen/Ihren ganz persönlichen Geruch an, der selbstverständlich von Ihrem Hund genau erkannt wird. Daher gilt: je älter und benutzter das Dummy, um so beliebter. Übrigens: durch den bedeutend geringeren Eigengeruch eines Dummies ist der Hund bei der Dummyarbeit gezwungen, seine Nase sehr viel genauer und konzentrierter zu benutzen als bei der Arbeit mit Wild.

Für fortgeschrittene Arbeit ist ein Dummy-Launcher sehr nützlich. Mit diesem Gerät können spezielle Dummies mit Schuß über weite Entfernungen geschossen werden. Die Anwendung erfordert Übung und Erfahrung, dann aber ist es eine ideale Trainingsergänzung. Einen Schuß kann man auch mit einem Schreckschußrevolver abgeben. Am gebräuchlichsten ist dabei das Kaliber 9 mm. Die Jäger unter Ihnen können selbstverständlich auch eine Flinte nutzen.

Für die Arbeit ist eine Tasche sehr praktisch. Am Anfang reicht sicherlich ein alter Rucksack o.ä. Das erleichtert nicht nur den Transport der Dummies, man sollte sich auch angewöhnen, Dummies nach dem Ausnehmen sofort wieder in die umhängende Tasche zu stecken und nicht irgendwo am Boden liegen zu lassen.

Praktische Grundlagen

Basisgehorsam

Wer Eishockey spielen möchte, muß zumindest Schlittschuh laufen können. Wer in einer Mannschaft Fußball spielt, sollte die Regeln kennen. Dies wird jedem einleuchten.

Trotzdem hält sich in manchen Kreisen hartnäckig die Meinung, daß Grundappell für das Apportiertraining nicht notwendig ist. Es kommt immer wieder vor, daß auf Trainingsseminaren oder in Gruppen Retriever-Besitzer die Grundlagen des Einweisens vermittelt bekommen wollen und daran scheitern, daß ihr Hund das Kommando »Sitz und Bleib« nicht beherrscht. So kommen Sie gar nicht dazu, das Dummy auszulegen. Ganz zu schweigen vom Zurückkommen – mit oder zumindest ohne Dummy!

Das Argument, mit dem man dann konfrontiert wird, lautet oft, daß man von seinem Hund keinen sklavischen Gehorsam erwarten kann, ganz zu schweigen davon, daß z.B. der Golden viel zu sensibel ist, um diesen Druck auszuhalten. Ein wenig tragen Worte wie Hunde-»Führer«, Unterordnung oder Gehorsam zu dieser Fehleinschätzung bei. So wird Grundappell mit Unterdrückung gleichgesetzt.

Aber es gibt genügend Gegenbeispiele: junge Hunde, die sich vertrauensvoll auf ihren Besitzer konzentrieren und gespannt darauf sind, was als nächstes passiert. Grundappell beinhaltet deshalb nicht nur, daß die Grundkommandos wie Sitz, Bleib, Komm, zuverlässiges Frei-bei-Fuß und Steadiness beherrscht werden, sondern daß Hund und Besitzer einander vertrauen, sich aufeinander einstellen und konzentrieren. So möchten wir nicht nur, daß der Hund neben uns sitzt, sondern auch, daß er Kontakt aufnimmt.

Bevor Sie mit weitergehenden Apportierübungen beginnen können, sollte Ihr Hund folgende Basisübungen bereits beherrschen:

· Leinenführigkeit und Freifolge
· Herankommen auf Pfiff

· Sitz und Platz
· Bleib (auch außer Sicht)
· Sitz auf Pfiff auf mindestens 20 Meter Entfernung
· Steadiness
· Einfach-Apport mit Dummy auf Land und Wasser

Die ersten Übungen sind eigentlich Grundübungen, die auch jeder Familienhund beherrschen sollte, um das Leben miteinander angenehm zu gestalten. Sie werden auch in der Begleithundeprüfung verlangt. Ablegen außer Sicht für kurze Zeit ist sehr praktisch, besonders, wenn Sie allein üben und z.B. Dummies auslegen wollen.

Steadiness-Übungen werden Sie gerade am Anfang der Dummy-Arbeit immer wieder begleiten, wobei der Schwierigkeitsgrad ständig gesteigert wird. Zu Beginn sollte der Hund jedoch unangeleint sitzenbleiben, wenn Sie oder ein anderer ein Dummy wirft und erst auf Aufforderung apportieren.

Lassen Sie sich ruhig Zeit mit diesen Basisübungen. Jeden Tag 5 Minuten bringen sehr viel mehr, als alle zwei Wochen eine Stunde mit viel Druck und wenig Geduld. Hunde lernen durch Wiederholung und viel Lob am besten. Erst wenn die Leinenführigkeit ohne Schwierigkeiten klappt, können Sie zur Freifolge ohne Leine übergehen. Erst wenn der Hund ohne Dummy sicher und jederzeit zurückkommt, wird er dies auch mit Dummy tun. Mangelnde Geduld seitens der Besitzer richtet hier sehr viel Schaden an.

Erst wenn der Hund ohne Dummy sicher und jederzeit zurückkommt, wird er dies auch mit Dummy tun

Für einige wenige gilt hier auch das Gegenteil. Gerade sensible Hunde, die schon sehr jung hervorragend »funktionieren«, verlieren leicht an Selbständigkeit und Arbeitsfreude. Grundübungen sind nicht nur sturer Drill, sondern sollten immer in freundlicher, wenn auch konsequenter Atmosphäre stattfinden, damit weder der Hund noch Sie die Freude daran verlieren.

Noch ein ganz praktischer Tip zu Beginn: Gewöhnen Sie sich daran, den Hund während des Trainings nicht anzufassen, wenn Sie ihn korrigieren wollen. Korrekturen können sehr gut mit der Leine und Stimme vorgenommen werden. Oft sind Hunde eher irritiert, wenn man sie anfaßt. Später ist dies ebenfalls wichtig, denn es ist nicht erlaubt, einen Hund anzufassen, während er geprüft wird. Das hat den einfachen Grund, negative körperliche Einwirkungen zu verhindern. Dies bedeutet natürlich nicht, daß Sie den jungen Hund als Belohnung nicht streicheln können.

Sitz auf Pfiff

Sobald der Hund das verbale Kommando Sitz begriffen hat, kann man das Sitz nach Pfeifensignal einüben. Begonnen wird direkt bei Fuß. Achten Sie darauf, daß der Hund sofort sitzt. Es erfolgt eine sofortige Belohnung, anfangs mit Futter, später durch Lob. Langsam können Sie das Sitz auf Pfiff in Ihrer unmittelbaren Umgebung einbauen. Wichtig ist, daß Sie sofort eingreifen können, wenn der Hund sich nicht hinsetzt und auch sofort belohnen.

Der Sitzpfiff sollte so in Fleisch und Blut übergehen, daß der Hund gar nicht nachdenkt, ob er ihn ausführt oder nicht. Dabei finden wir die Belohnung deshalb wichtig, da der Hund sofort erwartungsvoll seine Aufmerksamkeit auf uns richten soll. Er soll also nicht nur sitzen, sondern uns dabei ansehen. Das ist für das spätere Einweisen sehr wichtig.

Nichts ist schlimmer als ein Hund, der sich auf Pfiff zwar sofort setzt, aber keinen Sichtkontakt zu Ihnen aufnimmt. So geschehen vor einigen Jahren auf einer deutschen Jagdprüfung, bei der ein Labrador beim Einweisen im Rübenfeld nach ca. 50 m »Sitz« gepfiffen wurde, dies auch sofort tat, dann aber nicht mehr dazu zu bewegen war, seinen Hundeführer anzusehen oder gar weitere Kommandos anzunehmen.

Irgendwann wird auch bei dieser Aufgabe der Tag kommen, an dem Sie mit Nachdruck auf die Einhaltung bestehen müssen – also hinauslaufen und den Hund an genau der Stelle hinsetzen, an der Sie ihn Sitz gepfiffen haben.

Es mag später nicht mehr wichtig sein, ob der Hund sitzt oder steht. Er sollte jedoch immer sofort stoppen und Sie ansehen.

Apportieren

Zu Beginn dieses Abschnittes sei wiederholt, was bereits früher gesagt wurde: es geht darum, die natürliche Anlage zu fördern und in richtige Bahnen zu lenken, nicht dem Hund etwas beizubringen. Dabei verwenden wir soviel Motivation wie irgendmöglich und nur soviel Zwang wie unvermeidlich.

Retriever apportieren gern, so steht es in der Rassebeschreibung. Glücklicherweise trifft dies auch für die Mehrzahl zu. Trotzdem ist es wichtig, schon beim jungen Hund den Enthusiasmus dafür zu wecken. Es ist deshalb sehr sinnvoll, schon mit dem Welpen auf spielerische Weise das Apportieren zu üben. Bis zum Zahnwechsel sollte diese Phase dann abgeschlossen sein.

Grundsätzlich gehen wir davon aus, daß ein normaler Retriever von sich aus gern apportiert. Dabei meinen wir noch nicht den korrekten Apport, jedoch das Interesse am Dummy und das Aufnehmen. Selbstverständlich sollte der Hund für einen Apport gelobt werden. Wenn er es jedoch kann, ist es nicht nötig, dieselbe Übung endlos zu wiederholen oder jedesmal einen Begeisterungssturm zu entfachen, nur weil der Hund ein Dummy aufgenommen hat.

Es sollte für den Hund Belohnung genug sein, daß er apportieren darf und mit Ihnen zusammen arbeitet

Es sollte für den Hund Belohnung genug sein, daß er apportieren darf und mit Ihnen zusammen arbeitet.

Nach der spielerischen Welpenförderung hinsichtlich Apportieren ist der Zeitpunkt für tatsächliches Apportiertraining erst dann wieder gekommen, wenn der Hund die Basisübungen inklusive einfache Steadiness beherrscht.

Sie beginnen wieder mit ganz einfachen Übungen, indem Sie beispielsweise den Hund neben sich sitzen lassen und das Dummy vor sich werfen. Ein Dummy, das der Hund fliegen, fallen und vor sich liegen sieht, nennt man einen Apport auf Land (o. Wasser). Der Hund sollte nach Aufforderung (Apport) hinlaufen, das Dummy aufnehmen und zu ihnen zurückkommen. Das klingt einfach und sollte es auch sein. In der Realität jedoch treten hier schon die ersten Schwierigkeiten auf:

• *Der Hund läuft nicht zum Dummy*

Dies kann viele Ursachen haben. Vielleicht hat der Hund den Wurf und Fall nicht genau gesehen. Oder aber er weiß nicht, was sie von ihm wollen. Oder aber, er hat nur wenig Interesse. Wichtig ist auf jeden Fall, ihn zu motivieren und zu ermutigen. Spielen Sie mit dem Dummy, machen Sie es als Beute interessant, tun Sie alles, um die Aufmerksamkeit des Hundes auf diesen Gegenstand zu lenken. Das sollte ohne Zwang geschehen, wie ein großes Spiel. Sobald der Hund sich in Bewegung setzt, wird er gelobt und ermutigt, das Dummy aufzunehmen. Eigentlich selbstverständlich, daß die Entfernung nicht so weit sein sollte. Wenn es einmal geklappt hat, beenden Sie die Übung für diesen Tag damit, daß Sie selbst mit der Beute spielen und die Aufmerksamkeit des Hundes darauf lenken. Auf diese Weise kann man schrittweise versuchen, das Problem zu überwinden.

• *Der Hund läuft zum Dummy, bevor Sie ihn schicken.*

Vergleiche das anschließende Kapitel Steadiness.

• *Der Hund läuft zum Dummy, nimmt es jedoch nicht auf.*

Versuchen Sie, ihn zu motivieren. Machen sie das Dummy interessant, indem Sie selbst damit spielen und lassen Sie ihn einfach ohne Kommando loslaufen. Die Steadiness wird in diesem Fall später eingeübt. Sobald er es aufnimmt, wird er gelobt. Wenn das Dummy wieder in ihrem Besitz ist, spielen Sie damit ausgiebig und legen es dann weg. Grundsätzlich gilt, das Interesse an der Beute zu steigern und die richtige Handlung – das Aufnehmen und Tragen – durch Lob zu unterstützen. Dies gilt jedoch nur solange, bis der Hund dies verstanden hat.

• *Der Hund läuft zum Dummy, nimmt das Dummy auf und kommt nicht oder nur auf einige Meter zu Ihnen zurück.*

Das absolute Komm-Kommando sollte ohne Dummy auf jeden Fall beherrscht werden. Zumeist liegt hier eine der Ursachen dieses Problems. Sollte dies nicht der Fall sein, versuchen Sie, den Hund durch Pfeife oder Aufmunterung zu Ihnen zu rufen und zusätzlich rückwärts zu laufen. Bei Ihnen angekommen, nehmen Sie das Dummy nicht sofort aus dem Fang, sondern streicheln und loben den Hund, wobei er die Beute noch behalten kann. Erst dann nehmen Sie das Dummy aus dem Fang. Diese Handlungen sollten jedoch dann langsam wieder abgebaut werden. Falls es auf diese Weise jedoch nicht funktioniert, hilft nur das kontrollierte Apportieren an der Leine, das unten beschrieben wird.

Irgendwann einmal kommt bei fast jedem Hund der Moment, in dem aus dem Spiel Ernst wird. Hier den richtigen Moment zu finden, ist nicht ganz leicht und abhängig vom jeweiligen Hund. Auch die Mittel, mit denen man klar macht, daß Apportieren nicht nur nach Lust und Laune geschieht, hängen stark vom einzelnen Hund ab.

Spätestens aber, wenn Ihr Hund das Dummy nicht mehr aufnimmt oder nicht mehr damit zurückkommt oder aber es unterwegs ablegt, sollten Sie eingreifen. Sehr schnell wird aus dem einmaligen Versuch eine schlechte Angewohnheit, die nur mühsam wieder verlernt wird.

Wir selbst praktizieren in solchen Fällen Apportieren unter kontrollierten Bedingungen. Der Hund bekommt das Dummy behutsam in den Fang gelegt mit dem (Hilfs) Kommando »Fest«. Manche Hunde lassen sich das gefallen, andere sind sehr empört und wehren sich. Hier gilt Ruhe und Beharrlichkeit. Sobald der Hund das Dummy im Sitzen festhält, rufen wir ihn heran. Falls es gerade beim Zurückkommen Probleme gibt, üben wir dies an der kurzen Leine, während wir gleichzeitig rückwärts laufen. Wird das Dummy ausgenommen (durch leichtes herausdrehen mit dem Kommando Aus), spielen wir anschließend selbst mit dem Dummy. Später kann man dem Hund das Dummy in den Fang legen, ihn sitzen lassen und anschließend heranrufen.

Der nächste Schritt ist ein Zwischen-Apport. Hierbei setzen Sie den Hund ab und entfernen sich einige Meter von ihm. Das Dummy legen sie zwischen sich und den Hund und gehen dann noch einige Meter zurück. Der Hund wird herangerufen und soll dabei das Dummy aufnehmen. Zu Beginn sollte die Distanz Hund – Dummy doppelt so groß wie die Strecke Dummy – Führer sein, damit sie eine bessere Einwirkmöglichkeit haben. Später dann legen sie das Dummy auf der Hälfte der Strecke ab und schließlich immer näher am Hund. Die Anforderungen an die Steadiness steigen damit ebenso wie auch die Bringstrecke.

So manchem Retriever wurde das Apportieren verleidet, indem man ihn durch endlose Wiederholungen von bereits Erlerntem gelangweilt hat.

Das Festhalten beim Ausgeben macht vielen Menschen / Hunden Probleme. Die Fest-Übung ist auch hier eine gute Sache. Bei einigen wenigen, sehr weichmäuligen Hunden (und nur bei diesen!!!) haben auch leichte Zerrspiele um das Dummy zu einem guten Ergebnis geführt. Grundsätzlich gilt, daß Sie erst einen Moment warten und den Hund loben, bevor Sie das Dummy ausnehmen. Das korrekte Vorsitzen halten wir bei jungen Hunden für nicht erforderlich. Dies läßt sich später leicht nachholen, wenn der Hund etwas älter und sicherer ist.

Bei all diesen Übungen handelt es sich um die Grundübungen des Apportierens. Auch ein Schäferhund kann sehr gut apportieren lernen, dies ist keine Besonderheit der Retriever.

Noch eine Warnung sei an dieser Stelle angebracht: So manchem Retriever wurde das Apportieren verleidet, indem man ihn durch endlose Wiederholungen von bereits Erlerntem gelangweilt hat.

Es hat jedoch keinerlei Sinn, weitergehende Apportierübungen durchzuführen, solange der Hund nicht korrekt apportiert. Wer Rock ´n Roll tanzen will, muß zuerst den Grundschritt lernen, bevor er sich an komplizierte Figuren wagt. So ist es auch hier.

Steadiness

Steady zu sein, bedeutet für den Hund eigentlich nur, ruhig neben seinem Besitzer zu sitzen und erst dann zu apportieren, wenn er dafür das Kommando erhalten hat. Das hört sich theoretisch sehr einfach an, ist jedoch für viele Hunde eine große Leistung.

Ein Retriever verbringt auch auf einer Jagd sehr viel Zeit mit Warten. Dies sollte ihm in Fleisch und Blut übergehen.

Ein Retriever verbringt auch auf einer Jagd sehr viel Zeit mit Warten

Wenn Sie mit dem Training dafür beginnen, achten Sie darauf, daß der Hund beim Einspringen niemals zum Erfolg kommt. Aber auch das ist nur ein Hilfsmittel. Für viele Hunde ist auch das Einspringen ohne Erfolg eine sich selbst belohnende Handlung. Zuallererst sollte der Hund einige Meter vor Ihnen sitzen, und Sie werfen das Dummy schweigend hinter sich. Wenn schon hier Fehler eintreten, üben Sie das Sitz und Bleib erst einmal unter Ablenkung. Klappt es aber gut und der Hund bleibt sitzen, können Sie das Dummy neben sich werfen. Achten Sie dabei immer darauf, daß sie im Zweifelsfall schneller beim Dummy sind und es aufnehmen können als ihr Hund.

Auf diese Weise können Sie sich dazu vorarbeiten, daß Sie im Halbkreis um den Hund gehen und das Dummy in die unterschiedlichsten Richtungen werfen und später auch mehr als ein Dummy dabei benutzen. Aber es gilt immer: Sobald der Hund einspringt, sind Sie einen Schritt zu weit gegangen. Hat aber alles gut geklappt, können Sie zu Ihrem Hund zurückgehen und ihn das letzte Dummy apportieren lassen.

Wenn dies allein funktioniert, ist es Zeit für einen Helfer. Sie stehen neben Ihrem Hund und der Helfer wirft das Dummy. Es ist Ihre Aufgabe, den Hund beim ersten Anzeichen von Einspringen zu korrigieren, und die Aufgabe des Helfers, im Zweifelsfall schneller zu sein als der Hund. Diese Übung wird mehrmals wiederholt, wobei der Helfer immer das Dummy aufnimmt. Wenn dies gut klappt – und nur dann – kann der Hund ein Dummy apportieren.

An dieser Stelle kann man die Anwesenheit anderer Hunde in Angriff nehmen. Es hat eine große Verführung, wenn ein anderer Hund apportiert. Deshalb sollte die Steadiness allein dann schon sehr gut klappen. Auch hier sollten Sie behutsam aufbauen. Es ist natürlich sehr schön, wenn der andere Hund schon etwas Erfahrung hat, und die Sache nicht in einem heillosen Chaos endet.

Der Schuß hat eine ganz eigene Dynamik. Bevor Sie das Apportieren mit dem Schuß verbinden, sollte zum einen der Hund schon Erfahrungen mit Schießen gemacht haben, zum anderen aber schon steady sein. Das gilt vor allem am Wasser. Dabei ist es so, daß hier Ihr Einwirken sehr eingeschränkt ist. Im Zweifelsfall kann man das Dummy an eine dünne Leine binden, so daß es der Helfer herausziehen kann, bevor der Hund beim Einspringen zum Erfolg kommt. Grundsätzlich gilt auch hier, den Schwierigkeitsgrad langsam zu steigern und stufenweise vorzugehen.

Gewöhnen Sie ihren Hund von Anfang an daran, daß er nicht jedes geworfene Dummy apportieren kann

Gewöhnen Sie ihren Hund von Anfang an daran, daß er nicht jedes geworfene Dummy apportieren kann. Zwischendurch lassen Sie ihn immer wieder sitzen und nehmen das Dummy selbst auf oder ein anderer Hund apportiert. Es geht darum, den Erwartungsdruck zu mindern und den Hund immer im Unklaren darüber zu lassen, wann er an der Reihe ist und wann nicht.

Es kann eine gute Übung sein, einen jungen Hund einmal mit auf eine Prüfung zu nehmen und ihn dort kurze Zeit zusehen zu lassen – natürlich angeleint. Sie belohnen ihn für das ruhige Sitzen mit Futter. Sobald Sie jedoch feststellen, daß Ihr Hund sehr aufgeregt ist oder gar jault oder weint, sollten Sie diese Übung sofort abbrechen und erst einmal allein in Ruhe üben.

Noch etwas zu Hunden, die von sich aus nicht so sehr begeistert apportieren. Hier würden wir die Steadynessübungen äußerst sparsam verwenden, um nicht die Freude an der Arbeit zu nehmen.

Es gibt auch sensible Hunde, die durch sehr viel Nachdruck bei Steadiness die Freude am Apportieren verlieren. Dies gilt um so mehr, wenn sie noch sehr jung sind. Schätzen Sie Ihren Hund ein und dosieren dementsprechend das Training. Gut Ding will Weile haben und im Zweifelsfall ist die Leine ein sehr gutes Hilfsmittel.

Hier sei noch eine weitere Bemerkung erlaubt: Steadiness bedeutet das ruhige Warten des Hundes, bis er zum Einsatz kommt. Das heißt: Hunde, die fiepen, jaulen, weinen oder gar bellen, sind hier nicht erwünscht. Da diese Eigenschaften in hohem Maße erblich sind, ist es leider auch sehr schwer, entsprechende Fehler zu korrigieren. Sollte Ihr Hund ein solches Verhalten zeigen, sollten Sie versuchen, schon beim geringsten Anzeichen massiv einzuwirken, um Ihrem Retriever klar zu machen, daß Sie dieses nicht wünschen.

Leider wirkt dieses laute Verhalten eines Hundes bei der Arbeit in einer Trainingsgruppe auch in hohem Maße ansteckend. Gerade junge Hunde lassen sich schnell dazu verleiten, auch laut zu werden, wenn der Nachbar-Hund dies tut. Zusammenfassend gilt, je früher und deutlicher Sie einwirken, um so größer Ihre Chance auf Erfolg.

Wasser

Retriever schwimmen normalerweise sehr gern. Aber es gibt auch hier Unterschiede. Manche Hunde sind geradezu verrückt nach Wasser zu jeder Jahreszeit, andere nicht ganz so enthusiastisch. Zum Grundprogramm während des ersten Lebensjahres gehört auch, daß ein Retriever schwimmen lernen sollte.

Wir selbst haben einen kleinen Teich im Garten, den unsere Welpen schon sehr früh erkunden. Es ist bisher immer wieder passiert, daß einer aus Versehen in tiefes Wasser gelangte. Instinktiv machen sie die richtigen Bewegungen. Das bedeutet aber nicht, daß sie schon gerne schwimmen. Deshalb sollte man einen jungen Hund sehr behutsam und immer ohne Zwang an das Wasser heranführen. Am besten eignet sich dazu natürlich die warme Jahreszeit. Die Einstieg sollte sehr leicht sein und das Wasser nur langsam tiefer werden, damit der Hund sich daran gewöhnen kann. Der Schritt zum Schwimmen im tiefen Wasser macht manch jungem Hund Angst. Es ist natürlich von großem Vorteil, wenn ein älterer Hund mitkommt, der gerne schwimmt und es dem Welpen vormacht. Sie können aber auch selbst ein Stück mit hineingehen und ihm dadurch Sicherheit geben. Man kann ein Dummy oder einen Ball werfen, jedoch immer nur ein kleines Stück in tieferes Wasser. Wenn der Welpe das erste Mal von sich aus einige Sekunden geschwommen ist, ist das Eis meist gebrochen. Sie haben gelernt, daß ihnen nichts passiert, wenn sie den Boden unter den Füßen verlieren. Die Schwimmtechnik ver-

bessert sich sehr schnell. Paddeln sie anfangs noch recht hektisch, so liegen sie bald zunehmend flacher im Wasser und das Schwimmen wird sicherer und effektiver. Gerade bei Wasser sind anfangs Geduld und positive Erfahrungen sehr wichtig. Der Hund sollte später das Wasser lieben und keine Angst davor haben. Ein wenig spielt auch die Anlage ein Rolle.

Hat der junge Retriever sich erst einmal an Wasser gewöhnt und schwimmt ganz manierlich, kann man auch mit einem Apport mit etwas weiterer Entfernung beginnen. Starten Sie direkt an der Wasserkante, lassen Sie ihn zu Beginn ruhig einspringen und empfangen ihn an der Wasserkante, damit er das Dummy nicht fallen läßt.

Wenn dies gut klappt, kann man etwas weiter entfernt von der Wasserkante starten und diese Entfernung weiter steigern. Der Hund gewöhnt sich sonst daran, daß Sie immer mit ihm beim Einstieg stehen und bekommt später Schwierigkeiten damit, allein das Wasser anzunehmen. Man sollte den Hund jedoch immer noch an der Wasserkante empfangen, damit er sich nicht schüttelt und das Dummy fallenläßt. Dieser Teil muß separat geübt werden, indem man mit dem Hund schrittweise ein wenig zurückgeht und dann erst das Dummy ausnimmt. Entsprechend der Jagdpraxis ist dies sehr wichtig, denn es könnte eine noch lebende Ente sein, die der Hund bringt. Würde er sie am Ufer fallenlassen, um sich zu schütteln, würde sie wieder flüchten, und der Apport müßte von vorn beginnen. Bei einem verletzten Tier entspricht dies ganz und gar nicht dem Tierschutzgedanken.

Sehr schnell sollte man jedoch mit Apporten über Wasser ans andere Ufer beginnen. Selbstverständlich ist die zu überquerende Wasserfläche nur schmal und das Dummy gut zu sehen. Die meisten Hunde apportieren wie selbstverständlich aus dem Wasser, das Überqueren einer Wasserfläche muß jedoch geübt werden. Der Hund, der sich sicher über Wasser zu einem Apport schicken läßt, hat bestimmt keine Probleme beim Bringen aus dem Wasser.

Sehr schnell sollte man jedoch mit Apporten über Wasser ans andere Ufer beginnen

Manche Hunde sind in ihrer Begeisterung für Wasser kaum zu bremsen. Selbst wenn sie normalerweise eigentlich ganz ruhig und steady sind, ist dies bei Wasser ganz anders. Hier kann Steadiness ein echtes Problem werden. Falls man einen solchen Hund sein eigen nennt, sollten Sie die Wasserarbeit nicht übertreiben. Vor allem ist sehr früh auf Steadiness zu achten. Es kann für den Hund einfacher sein, wenn er zuerst einmal ohne Apport ein wenig schwimmen kann und dann erst apportiert wird.

Unterschiedliche Ein- und Ausstiege aus dem Wasser wie auch fließendes Gewässer sind eine Erfahrungssache, die man üben kann. Auch hier gilt es, die Anforderungen langsam zu steigern.

Grundformen des Apportierens

Im tatsächlichen Einsatz setzen sich die Apportieraufgaben aus mehreren Grundformen des Apportierens zusammen. In der Ausbildung jedoch werden zu Beginn die einzelnen Apportierarten getrennt voneinander trainiert.

MARKIEREN

Die für einen guten Jagdhelfer wichtigste Apportierform ist das Markieren. Dies gilt auch für das nicht-jagdliche Training. Die meisten Hunde tun dies aus Anlage heraus, besonders den Retrievern sagt man eine gute Markierfähigkeit nach.

Beim Markieren sieht der Hund (und sein Führer) nach Schuß ein oder mehrere Stücke fallen und merkt sich die Fallstelle. Er läuft auf direktem Wege zum Fallbereich und beginnt erst dort zu suchen.
Kommando: Apport

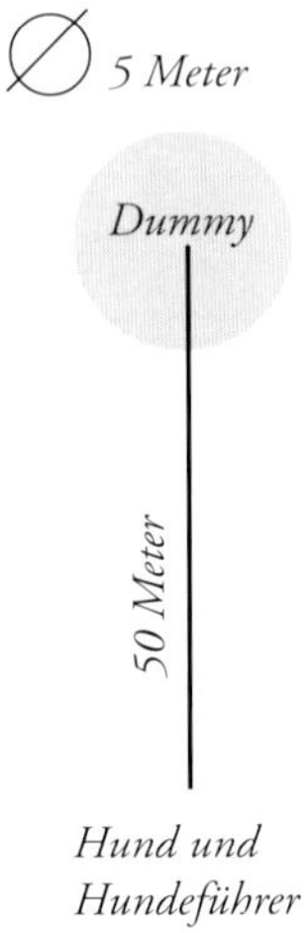

Der Hund kann bei einer Markierung im Idealfall die gesamte Flugbahn verfolgen, oft auch die Fallstelle genau sehen und zudem den Aufprall noch hören. Das ist natürlich in der Praxis nicht immer möglich. Um markieren zu können, muß der Hund jedoch zumindest einen Teil der Flugbahn verfolgen können. Die Größe des Suchbereiches um die Fallstelle richtet sich nach Entfernung und Bewuchs. Als Faustregel gilt hier: Der Durchmesser des Suchengebietes um die Fallstelle sollte ca. zehn Prozent der Strecke zwischen Ansatzpunkt und Fallstelle betragen.

Auf einem ebenen Feld mit niedrigem Bewuchs beträgt das Suchengebiet nur wenige Zentimeter, bei weiter Entfernung und hohem Bewuchs einige Meter. Nach dieser Definition ist es einsichtig, daß der Hund die Entfernung gut einschätzen können muß und im Gedächtnis speichern soll. Manche Hunde sind Naturtalente in diesem Fach, es gilt jedoch auch hier, diese Fähigkeit durch Training und Erfahrung zu fördern.

Beim Aufbau des Markiertrainings sind folgende Punkte unbedingt zu beachten:

1. Gelände
2. Wind
3. Entfernung
4. Einwirkung des Helfers
5. Einwirkung des Führers

Das Gelände spielt eine wichtige Rolle. Eigentlich selbstverständlich, daß der Hund die Möglichkeit erhalten muß, überhaupt zu markieren. Ein gut geschnittener Rasen, wie z.B. auf einem Sportplatz, ist sicherlich die einfachste Geländeform. Hierbei sieht der Hund das Dummy zudem schon aus großer Entfernung. Die Geländeschwierigkeit kann bis zu einem hügeligen Gelände mit hohem Bewuchs reichen, das zudem durch Wege und Zäune unterbrochen ist. Oder aber das Dummy fällt am anderen Ufer eines Wassers. Die Art des Bewuchses spielt zudem eine große Rolle. Ein riesiges Feld mit Zuckerrüben ist sicherlich sehr schwierig, weil es für den Hund kaum Orientierungspunkte bietet und zudem die Witterung nicht einfach ist, da die Blätter der Rüben eine Art Abschirmung darstellen. Beim Training von Markierungen sollte das Gelände immer auf seinen Schwierigkeitsgrad hin eingeschätzt werden.

Beim Training von Markierungen sollte das Gelände immer auf seinen Schwierigkeitsgrad hin eingeschätzt werden

Die Entfernung ist selbstverständlich ein wichtiger Punkt und es ist logisch, daß eine Markierung um so schwieriger wird für den Hund, je weiter die Entfernung ist. Das kann von 20 bis zu 150 Metern reichen. Die Entfernung steht in engem Zusammenhang mit dem Gelände. Beim Trainingsaufbau sollte eine weitere Entfernung erst auf sehr einfachem Gelände mit niedrigem Bewuchs eingeübt werden. Sobald sich jedoch die Geländeschwierigkeit steigert, z.B. durch höheren Bewuchs, ist beim Trainingsaufbau die Entfernung entsprechend zu verringern.

Wie bei jeder Arbeit des Hundes spielt der Wind auch hierbei eine sehr große Rolle. Bei Seitenwind erhält der Hund Witterung, sobald er sich in Höhe des Dummies befindet. Das ist natürlich eine große Hilfe, solange er sich auf der richtigen Seite des Windes befindet. Bei Rükkenwind bekommt der Hund erst Witterung, wenn er sich hinter dem Dummy befindet. Wind von vorn ist sehr schwierig, weil viele Hunde schnell damit anfangen, zu bögeln.

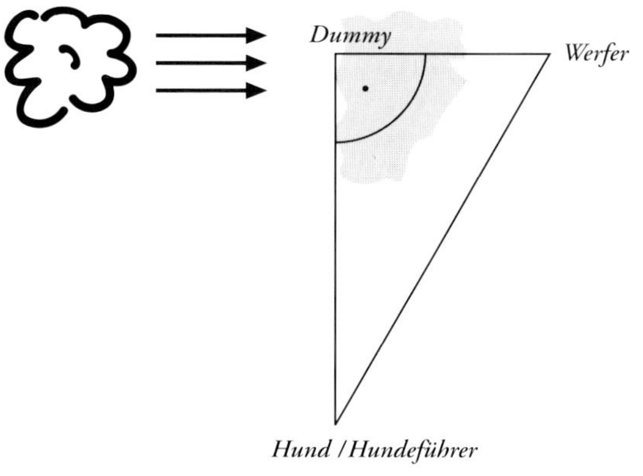

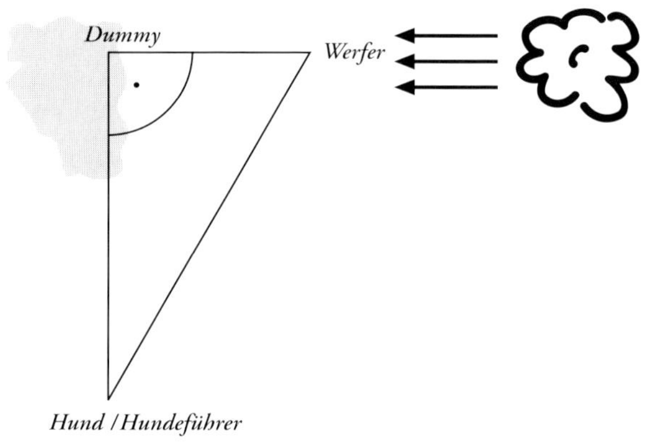

Daraus ergibt sich, daß beim Training nach dem Gelände auch der Wind geprüft werden sollte, um den richtigen Ausgangspunkt zu finden.

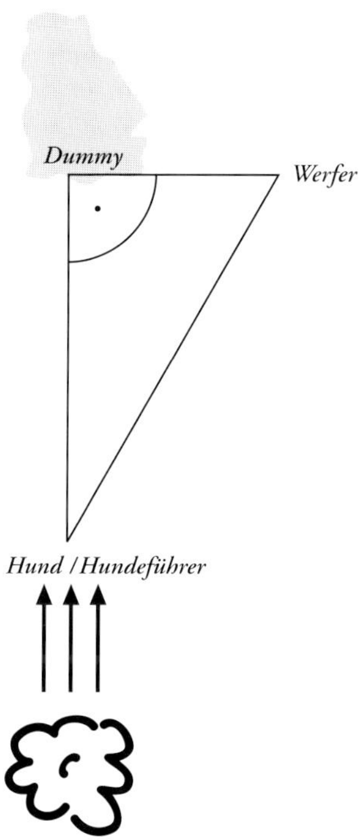

Die Einwirkung des Helfers, der das Dummy wirft, ist nicht zu unterschätzen. Zum einen bildet er zu Beginn einen wichtigen Orientierungspunkt für den Hund. Er steht für den Hund sichtbar im Gelände. Der Helfer hat jedoch auch in der Hand, wie die Flugbahn des Dummies verläuft. Er kann sehr hoch und gut sichtbar werfen, jedoch auch flach. Er kann durch die Wurfweite die Länge der Flugbahn bestimmen. Diese letzteren Punkte gelten auch dann noch, wenn der Werfer für den Hund nicht mehr sichtbar steht und dieser nur noch den Flug des Dummies beobachten kann.

Ein guter Dummy-Werfer ist »mit Gold nicht aufzuwiegen«

Ein guter Dummy-Werfer ist »mit Gold nicht aufzuwiegen«, weder beim Training noch bei Prüfungen. Jeder, der mit seinem Retriever arbeitet, sollte das Werfen von Dummies üben. Gerade Frauen neigen dazu, sich hierbei aus der Affäre zu ziehen. Es ist jedoch mehr eine Sache der Übung als eine Sache des Talentes.

Die Einwirkung des Führers beginnt mit dem Aussetzen der Aufgabe. Er stellt damit schon vor Beginn die Weichen, ob diese Übung ein Erfolg wird oder es dem Hund unnötig schwer gemacht wird. Es ist weitaus besser, vorher 5 Minuten nachzudenken, um dann eine gute erfolgreiche Markierung auszusetzen, als erst nach einem Mißerfolg die Anforderungen herunterzuschrauben. Beim Ausgangspunkt muß der Führer darauf achten, daß der Hund eine optimale Sichtmöglichkeit hat. Ein Grasbüschel oder eine kleine Erhebung kann für den Hund schon eine enorme Einschränkung bedeuten. Am besten kniet man sich hin, um das Sichtfeld des Hundes selbst zu erleben. Der Führer sollte neben dem Hund stehen, jedoch einen kleinen Schritt entfernt. Dadurch hat er freie Sicht in alle Richtungen, auch nach hinten. Selbstverständlich, daß der Hund dafür absolut steady sein muß und nicht einspringt. Da der Hund sich auf den Fallplatz konzentriert, sollte nichts geschehen, das seine Konzentration unterbricht. Der Hund wird deshalb nicht mehr angefaßt. Zum Losschicken reicht ein kurzes »Apport«. Bei mehreren Markierungen sollte der Hund zu Beginn so positioniert werden, daß er in Richtung des zuerst zu apportierenden Dummies sitzt, das zweite (oder dritte) aber noch gut sehen kann. Mit seinem Körper kann der Hundeführer zudem weitere Hilfestellungen in Richtung auf das Dummy geben, indem er z.B. einen Fuß nach vorne nimmt. Ist der Hund erst einmal losgeschickt, sollten beim Training weitere Einwirkungen unterbleiben.

Da der Hund sich auf den Fallplatz konzentriert, sollte nichts geschehen, das seine Konzentration unterbricht

Unterlassen Sie es von Anfang an, Ihrem Hund eine Markierung zu zeigen (Nach dem Motto: Schau mal, da fällts Dummy!). Ihr Retriever sollte lernen, auf ein akustisches Signal (Schuß) sofort aufmerksam zu äugen, wo ein Stück fällt. In der Jagdpraxis wird dies oft dadurch erleichtert, daß der Hund schnell lernt, auf die Richtung des Flintenlaufes zu achten. Auch kann es vorkommen, daß Markierungen hinter Ihnen fallen. Sie und Ihr Hund müssen lernen, flexibel und vor allem schnell auch auf solche Situationen zu reagieren.

Genauso wichtig wie eine gute Markierfähigkeit des Hundes ist die des Menschen

Genauso wichtig wie eine gute Markierfähigkeit des Hundes ist die des Menschen. Der Führer sollte genau wissen, wo das Dummy liegt. Auch dies ist eine Übungssache. Nur dann kann er einschätzen, ob sein Hund richtig läuft und zum Erfolg kommt. In der Jagd-Praxis ist dies unerläßlich, denn so kann er notfalls seinen Hund mit Einweisen unterstützen, falls dieser nicht gut markiert hat. Bei Prüfungen in höherem Niveau ist dies ebenso erforderlich.

Beim Üben für Markierungen kommt es darauf an, verschiedene Fähigkeiten des Hundes zu trainieren. Eine davon ist, die Tiefe (Entfernung) richtig einzuschätzen. Dazu kommt ein Gedächtnistraining, das ihm erlaubt, die Fallstelle über einige Zeit hinweg zu speichern und/oder mehrere Fallstellen zu merken. Schließlich neigt ein Hund immer dazu, sich im Zweifelsfall auf seine Nase zu verlassen. Bei einer Markierung ist der zusätzliche Einsatz der Augen jedoch sehr hilfreich, sobald er am Fallgebiet angekommen ist.

Aus all dem ergibt sich, daß das Markiertraining zu Beginn so gestaltet werden sollte, daß der Hund schnell zum Erfolg kommt, ohne lange suchen zu müssen. Bei einem jungen Hund ist es deshalb durchaus empfehlenswert, Dummies zu benutzen, die in einem weißen Socken stecken und somit leichter zu sehen sind. Dafür bietet sich ein Gelände

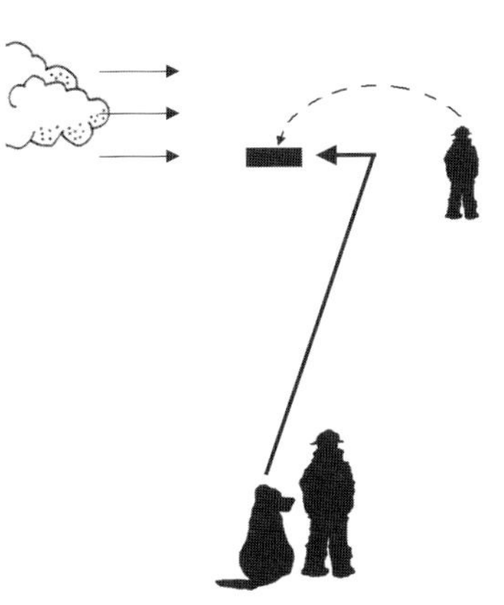

mit niedrigem Bewuchs an, z.B. eine Wiese. Nutzen Sie zu Beginn immer Seitenwind. Der Helfer sollte seitlich zu Ihnen stehen und mit einem Geräusch hoch und deutlich sichtbar in dem Wind werfen, und zwar vor sich. Selbst wenn der Hund sich ganz am Helfer orierentiert, wird er auf dessen Höhe Wind vom Dummy bekommen. Auf diese Weise kann man alle Hilfen einsetzen, die sich bieten: einfaches Gelände, Wind, Flugbahn und die zusätzliche Hilfe, daß der Hund das weiße Dummy gut liegen sehen kann. Wenn dies gut klappt, kann die Entfernung langsam gesteigert werden. Junge Hunde haben manchmal Schwierigkeiten, sich weit von ihrem Führer zu entfernen.

Zu Beginn kann man den Hund direkt nach Fall des Dummies losschicken. Langsam kann man die Zeit zwischen Fall und Losschicken ausdehnen, indem man einige Momente wartet. (In der Jagd- bzw. Field Trialpraxis kommt es oft vor, daß zwischen Beginn und Ende eines Treibens 15 – 20 Minuten liegen. Da oft schon Vögel zu Anfang des Treibens geschossen werden, kann die Zeitspanne zwischen Fall und Losschicken des Hundes auch entsprechend lang dauern). Der Führer steht ruhig neben seinem Hund, zeigt dem Helfer an, wenn er und sein Hund fertig sind. Der Hund wird mit einem »Apport« losgeschickt. Da er nicht nur schnell zum Dummy laufen, sondern auch genauso schnell zurückkommen sollte, kann man auf dem Rückweg zur Motivation gegebenenfalls den Kommpfiff gebrauchen, loben oder in die Hände klatschen. Erst wenn der Hund schnell wieder beim Führer ist und das Dummy ausgegeben hat, ist die Übung erfolgreich beendet.

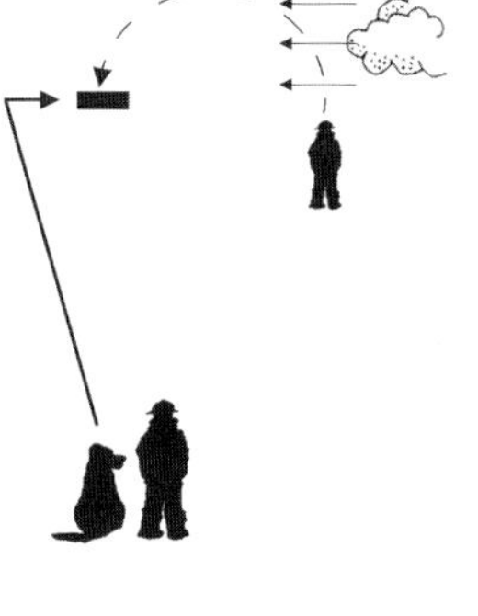

Wenn dies alles sehr gut klappt, kann man die Windrichtung ändern. So kann der Helfer bei Seitenwind aus dem Wind werfen. Auch dabei langsam die Entfernung steigern.

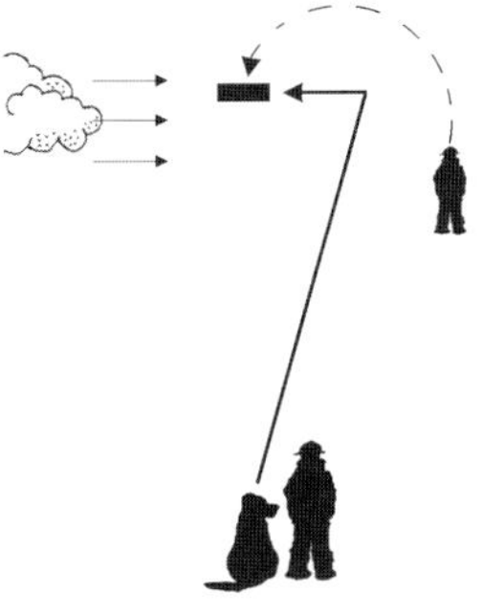

Eine weitere Steigerung ist es, wenn der Werfer das Dummy nicht direkt vor sich wirft, sondern von sich weg nach hinten. Der Hund muß dann ein Stück weiter gehen als sein Orientierungspunkt Helfer. Auch dabei das Dummy zuerst in den Wind werfen.

Schließlich wirft man bei Nackenwind. Dabei muß der Hund hinter das Dummy kommen, um Wind zu erhalten.

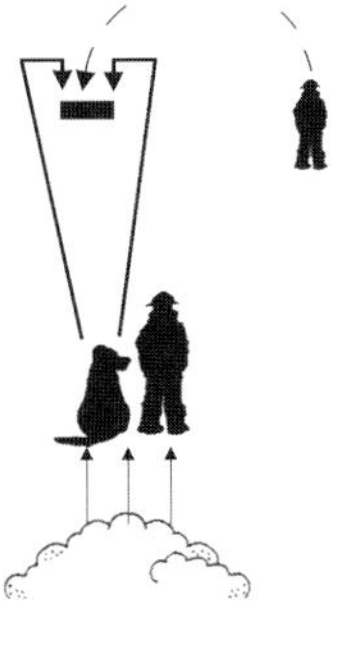

Die nächste Steigerung ist wie beim Seitenwind so gestaltet, daß der Werfer nicht in gerader Linie vor sich, sondern etwas nach hinten versetzt wirft.

Falls Sie zu zweit sind, kann man sich gegenüberstellen und einer wirft für den anderen. Dies geht selbstverständlich auch zu dritt. Falls man an einem Tag die Entfernung steigern will, so ist darauf zu achten, daß der Hund nicht über die alten Fallplätze läuft. Wechseln Sie die Position.

Um es noch einmal zu betonen: sehr wichtig ist für den Anfang der schnelle Erfolg. Dadurch gewinnt der Hund Selbstvertrauen. Es ist jedoch ebenso wichtig, ihn nicht durch endlose Wiederholungen zu langweilen. Beginnen Sie stets damit, womit es bei der vorigen Trainingseinheit gut geklappt hat, und steigern dann langsam die Anforderung.

Sobald die Einzelmarkierungen unter diesen Bedingungen vom Hund gut beherrscht werden, beginnen Sie mit Doppelmarkierungen. Zu Beginn sollte wiederum eine sehr kurze Distanz gewählt werden. Man kann mit zwei Einzelmarkierungen beginnen, wobei der Helfer mit Seitenwind zuerst ein Dummy nach links und nach dem Apport eines nach rechts wirft. Dieselbe Aufgabe wird sofort anschließend als Doppelmarkierung gearbeitet, idealerweise mit denselben Fallplätzen. Der Hund kann selbst wählen, welches Dummy er zuerst arbeitet. Meist holt er von sich aus das zuletzt geworfene. Finden Sie heraus, was Ihr Hund bevorzugt. Achten Sie jedoch darauf, daß er die einmal eingeschlagene Richtung nicht wechselt oder gar die Dummies tauschen will, indem er mit einem Dummy im Fang zum zweiten läuft. Der Helfer muß dann auf jeden Fall schneller sein und das Dummy vor dem Hund aufnehmen. Vor dem Apport des zweiten Dummies lassen Sie den Hund neben sich sitzen, wobei sie selbst und der Hund schon in Richtung des Dummies stehen.

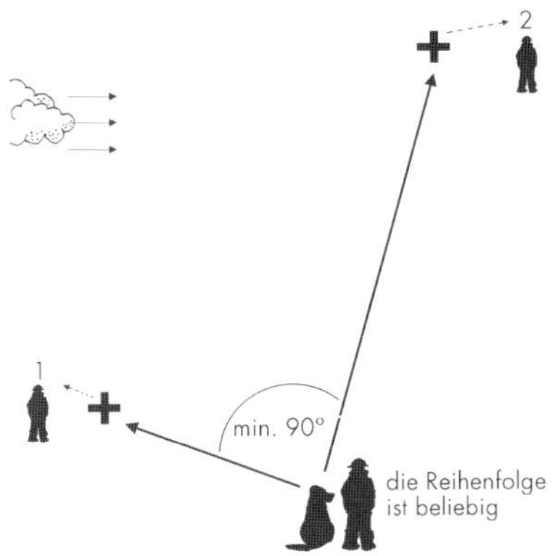

Beim Übergang von Einzel- zu Doppelmarkierungen treten öfters wieder Steadinessprobleme auf. Lassen Sie sich dadurch nicht aus der Ruhe bringen und bestehen auf ruhigem Abwarten des Hundes, bis Sie ein Kommando geben.

Bei manchen Hunden kommt es vor, daß sie so auf die erste Markierung fixiert sind, daß sie die zweite überhaupt nicht mehr fallen sehen. Lassen Sie sich nicht dazu verleiten, Ihrem Hund diese zeigen zu wollen oder gar seinen Kopf in die entsprechende Richtung zu drehen. Dadurch entstehen nur weitere Probleme. Solche Fehler müssen durch den Helfer korrigiert werden. Seine Aufgabe ist es, durch entsprechende Geräusche, die Aufmerksamkeit des Hundes auf das zweite Dummy zu lenken. Wenn Sie Ihren Hund dann sofort losschikken, wird er schnell lernen, von selbst so lange aufmerksam zu äugen, bis Sie ihm ein Kommando geben.

Man kann Einzelmarkierungen und Doppelmarkierungen durchaus gleichzeitig trainieren, indem man bei den Einzelmarkierungen das Niveau steigert und mit den Doppelmarkierungen langsam nachzieht. So kann man bei Einzelmarkierungen bereits eine höhere Geländeschwierigkeit wählen, bei Doppelmarkierungen jedoch noch bei einfacherem Gelände die Entfernungen erweitern. Oder aber eine der Doppelmarkierungen in schwierigeres Gelände fallen lassen und die zweite in einfaches. Bei der einen Doppelmarkierung eine weitere Entfernung wählen, die andere jedoch auf kurze Distanz fallen lassen. Achten Sie gerade zu Beginn darauf, daß die Doppelmarkierungen weit auseinander liegen. Ein Winkel von 90° sollte zwischen beiden Stücken mindestens eingehalten werden. Zwei Helfer sind dabei sicherlich ein großer Vorteil.

Beim weiteren Aufbau des Markiertrainings können langsam die Geländeschwierigkeiten gesteigert werden. Beginnen Sie jedoch einen neuen Trainingsschritt immer mit Seitenwind und wechseln erst dann die Windrichtung. Grundsätzlich sind hierbei die o.g. Punkte Gelände, Wind und Witterung zu bedenken. Vor jeder Aufgabe!

Beim Training sollte man nicht in den Fehler verfallen, dem Hund helfen zu wollen, indem man einweist

Sollte der Hund nicht schnell oder gar nicht zum Erfolg kommen, so läßt man ganz am Anfang den Werfer das Dummy noch einmal hochwerfen, den Hund apportieren und geht dann in sich. Später kann man den Hund ohne Erfolg zurückrufen. Versuchen Sie zu analysieren, warum diese Aufgabe nicht geklappt hat. Vielleicht haben Sie den Schwierigkeitsgrad zu hoch angesetzt. Probieren Sie es am nächsten Tag noch einmal mit einer anderen Aufgabenstellung.

Beim Training sollte man nicht in den Fehler verfallen, dem Hund helfen zu wollen, indem man einweist. Das ist den Fortgeschrittenen vorbehalten und verführt den Hund nur dazu, sich auf die Hilfestellung zu verlassen und Eigeninitiative einzubüßen.

Bei einer Markierung sollte der Hund auch nicht zum Erfolg kommen, indem er großflächig sucht. Die Größe des Fallgebietes richtet sich nach dem Schwierigkeitsgrad. Es geht jedoch nicht darum, durch eine Suche mit Hilfe der Nase zum Erfolg zu kommen, sondern erst im Fallgebiet zu suchen. Brechen Sie im Zweifelsfall die Aufgabe lieber ab, wenn es klar wird, daß der Hund nicht gut markiert hat, und versuchen Sie es noch einmal mit einer anderen Aufgabenstellung.

Beim Training sollte es bei Erfolg langsam dahin kommen, daß der Hund den Helfer nicht immer sieht und bei fortgeschrittenen Hunden auch nicht mehr die ganz Flugbahn verfolgen kann oder das Dummy flach geworfen wird. Dies aber erst, wenn der Hund schon schwierige Markierungen gut beherrscht.

Eine schöne Aufgabe, die auf ein späteres Walk up vorbereitet, ist Arbeit zweier oder mehrerer Hunde in einer Linie. Die Hunde laufen ruhig bei Fuß, beobachten die gefallenen Stücke und apportieren auf Aufforderung. Sie können das schon bei jüngeren Hunden aufbauen,

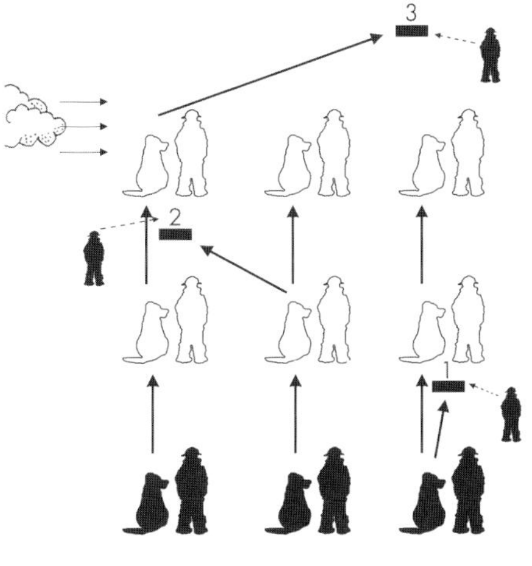

indem man zu zweit geht, stehenbleibt, und dann jeweils der eine für den anderen Hund nach vorne wirft. Noch besser ist dies natürlich mit einem Helfer, der vor den beiden (oder mehreren) Hundegespannen

geht und wirft. Während ein Hund arbeitet, hat der andere ruhig zu sitzen. Diese Aufgabe stellt große Anforderungen an die Steadiness. Sie sollte absolut sicher beherrscht werden, bevor man damit anfängt. Im Zweifelsfall nimmt man den Hund lieber an die Leine, damit er nicht einspringt.

Markierungen aus und über Wasser sollten natürlich auch zum Trainingsprogramm gehören. Gerade zu Beginn ist darauf zu achten, daß dabei der Einstieg ins Wasser für den Hund einfach ist und die Entfernung nicht zu weit gewählt wird. Schwimmen dauert immer länger als laufen, also ist auch die Zeit, die der Hund braucht, um zum Dummy zu kommen, entsprechend länger. Außerdem unterschätzen wir Menschen gerne den Wellengang. Schon leichter Wind mit Wasserbewegung macht es dem Hund oft schwer, das Dummy im Wasser liegen zu sehen. Spezielle Wasserdummies, die gut sichtbar und hoch schwimmen, sind zu Beginn manchmal eine Hilfe. Beim Apportieren über Wasser, das dann mit zum Trainingsprogramm gehören sollte, muß man das Dummy am anderen Ufer anfangs gut liegen sehen und die Entfernung sollte nicht zu weit sein. Sehr leicht verläßt den Hund sonst unterwegs das Zutrauen und er kehrt um.

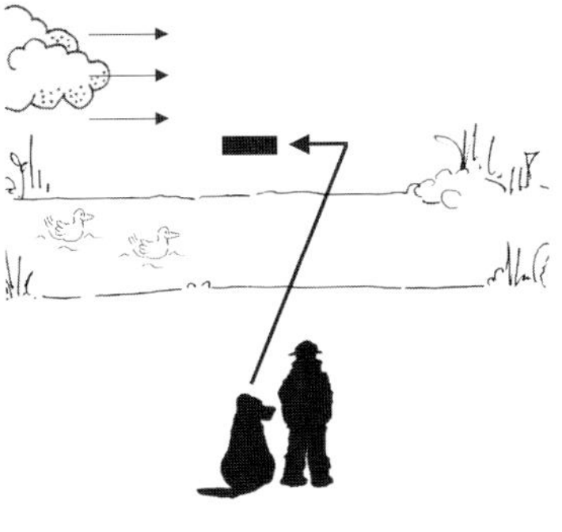

Eine Form der Doppelmarkierung ist jeweils ein Apport auf Land und einer aus Wasser. Viele Hunde neigen dazu, das im Wasser liegende

Dummy zuerst zu holen. Die Zeit im Wasser ist jedoch sehr viel länger als ein Apport auf Land. Deshalb ist es oft günstiger, wenn der Hund das Dummy auf Land zuerst holt.

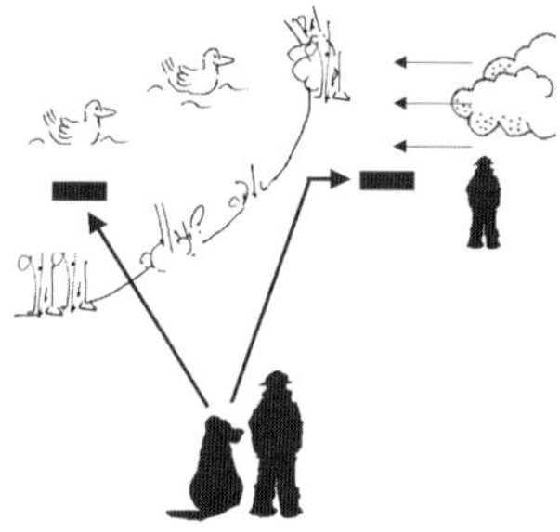

Beim weiterführenden Training ist darauf zu achten, daß der Hund den Werfer als Orientierungspunkt nicht mehr sieht. Es ist auch ein weiterführendes Markiertraining, wenn der Hund nur einen Teil der Flugbahn sehen kann und beispielsweise nur den Aufprall im Wasser hört. Dies sollte jedoch erst dann in das Training eingebaut werden, wenn der Hund schon sicher markiert.

Wie bereits erwähnt, laufen die meisten Hunde bei Mehrfach-Markierung erst zum zuletzt gefallenen Stück. Zu Beginn des Trainings sollte man seinem Hund auch die Auswahl überlassen, welches Dummy er zuerst holen möchte. In der späteren Arbeit wird dies allerdings auch verändert. Kommt es doch in der Jagdpraxis ebenfalls vor, daß von mehreren geschossenen Vögeln einer ein sogenannter »Runner« (angeschossener Fasan) ist, der von Ihrem Retriever zuerst apportiert werden soll. Dazu ist es notwendig, dem Hund mittels Richtungsweisung deutlich zu machen, welches Stück er holen soll. Stellen Sie sich dazu in die entsprechende Richtung und deuten gleichzeitig mit Ihrem ausgestreckten Arm dorthin (siehe auch Einweisen). Durch etwas Übung lernt Ihr Retriever schnell, Ihren Signalen zu folgen und Mehrfachmarkierungen in der von Ihnen gewünschten Reihenfolge zu apportieren.

Markierungen kann man in unendlichen Variationen trainieren, es gibt eigentlich keine Einschränkung. Manche Hunde sind wahre Meister auf diesem Gebiet. Aber eine solide Grundlagenarbeit ist trotzdem unabdingbar.

SUCHE

Bei der Apportierart der Suche unterscheiden wir die sogenannte Verlorensuche und die Schleppe.

Eine Verlorensuche ist ein Apport, bei dem der Hund den Fall des Stückes nicht sehen konnte und auch der Führer nicht genau weiß, wo das Stück gefallen ist. Er kennt nur den ungefähren Bereich. Der Hund soll durch eine selbständige Suche, unter Zuhilfenahme seiner Nase und seiner Augen, das Stück finden.

Bei einer Schleppe geht man von dem Fall aus, daß ein Stück Wild angeschossen wurde und sich verletzt weiterbewegt. Der Hund soll nur diese Spur (meist am Boden, aber auch in Stehgewässer möglich) aufnehmen und selbständig ausarbeiten.

Bei der Verlorensuche muß der Hund selbständig ohne die Hilfe seines Führers arbeiten, da diese zumeist in hoher Deckung stattfindet und der Hund seinen Führer nicht mehr sieht. Das bedeutet, daß sich der Führer ganz auf seinen Hund verlassen können muß. Er kann keine Hilfen beim Aufnehmen und Zurückkommen geben.

Bei der Verlorensuche muß der Hund selbständig ohne die Hilfe seines Führers arbeiten

Man sollte eigentlich meinen, daß jeder Hund von alleine sucht. Dem ist natürlich auch so. Trotzdem ist gerade die Verlorensuche eine Apportierart, die sehr viel Training benötigt. Der Hund muß Erfahrungen sammeln.

Im Prinzip geht der Hund ein Stück mit dem Wind und sucht sich dann in Schlägen zurück. Die Breite der Schläge ist natürlich abhängig von der Nase des Hundes und seiner Erfahrung.

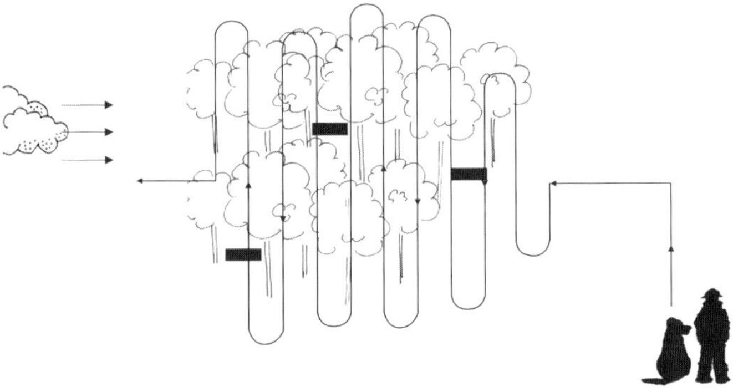

Im Grunde genommen wollen wir mit dem Training erreichen, daß der Hund lernt, ein Gelände systematisch abzusuchen unter Zuhilfenahme von Nase und Augen sowie des Windes, ungeachtet der Geländeschwierigkeiten. Dafür muß der Hund jedoch erst einmal lernen, worum es geht.

Ganz sicher gibt es Hunde, die für diese Arbeit ein angeborenes Talent haben. Sie überwinden Geländewidrigkeiten wie beispielsweise Dornen problemlos, setzen ihre Nase ein und zeigen einen großen Willen, das Stück zu finden. Vom Prinzip her kann jedoch jeder Hund mit Training zu einem guten Verlorenbringer ausgebildet werden.

Ein Tip ganz zu Beginn der Ausbildung: numerieren Sie Ihre Dummies. Das macht es Ihnen leichter, sie wiederzufinden und Sie können auch, ohne den Hund zu sehen, genau sagen, in welchem Bereich er gearbeitet hat – vorausgesetzt, Sie legen die Dummies so aus, daß Sie selbst es wissen. Für die Verlorensuche brauchen Sie viele Dummies, da gerade zu Beginn sehr viele Stücke ausgelegt werden, damit der Hund auf jeden Fall zum Erfolg kommt.

Für den Beginn suchen Sie sich am besten ein Gelände mit nur leichter Deckung, so daß Sie den Hund bei der Arbeit beobachten können. Ideal ist beispielsweise ein lichter Wald. Der Wind sollte von der Seite kommen. Lassen Sie den Hund absitzen und Ihnen beim Auslegen zusehen. Am besten legen Sie so viele Dummies (5 – 10 Stück) wie möglich aus und begrenzen den Suchenbereich auf ca. 20 m x 20 m. Anschließend schicken Sie den Hund mit Ihrem Kommando für diese Suche (z.B. »Such verloren« oder »such«). Selbstverständlich sollte der Hund zu diesem Zeitpunkt bereits sicher aufnehmen und zurückbringen. Wenn der Hund schnell zwei bis drei Dummies gefunden hat, beenden Sie diese Übung. Sollte der Hund unsicher werden und Sie um Hilfe fragen, ermuntern Sie ihn. Auf keinen Fall jedoch sollten Sie ihm durch Richtungsangaben helfen. Er muß die Möglichkeit bekommen, seine eigene Suchenweise und Selbstvertrauen zu entwickeln. Die restlichen Dummies sammeln Sie selbst wieder ein – wobei sich die Numerierung auszahlt.

Für diese Aufgabe ist es sehr hilfreich, wenn man bereits einen älteren ausgebildeten Hund besitzt, der mit Freude die restlichen Dummies nachsucht. Dies ist zugleich eine gute Übung für den jungen Hund, der dabei zusieht, Steadiness lernt und sich diese Übung einfach abschaut. Man sollte jedoch auch hierbei vorsichtig sein im Hinblick auf Überforderung und Steadiness.

Es ist elementar wichtig, daß der junge Hund schnell zum Erfolg kommt. Das motiviert ihn, schafft Selbstvertrauen und Selbständigkeit. Sobald Sie das Gefühl haben, daß Ihr Hund die Aufgabe gut bewältigt, können Sie die Größe des Suchengeländes steigern. Es ist zudem gut, an den unterschiedlichsten Orten zu üben. Verändern Sie auch die Anzahl der zu suchenden Stücke. Mal sind es zwei, mal vier Stück, mal sechs. Es ist jedoch wichtig, daß diese Dummies schnell gefunden und gebracht werden. Beenden Sie die Übung jedoch immer vor dem Punkt, an dem der Hund frustriert oder lustlos wird.

Es ist elementar wichtig, daß der junge Hund schnell zum Erfolg kommt

Bei manchen Hunden ist es hilfreich, wenn man beim Auslegen der Stücke schleifenförmig durch das Suchengelände geht. Sie lassen sich dann von der Spur des Auslegenden unterstützen und lernen so, systematischer einen Geländeabschnitt abzusuchen.

Haben Sie bis dahin hauptsächlich mit Seitenwind gearbeitet, können Sie nun auch Rücken- und zuletzt Wind von vorne nutzen. Wenn Sie am Anfang den Hund beim Auslegen zusehen lassen, so können Sie nun den Hund etwas entfernt ablegen und nur noch durch Geräusche auf das Auslegen aufmerksam machen. Erst wenn er das neue Kommando (»Such«) sicher kennt, legen Sie die Stücke unbemerkt vom Hund aus und schicken ihn dann.

Auch die Geländebeschaffenheit sollte nun variieren. Vom lichten Wald zu etwas dichterem Bewuchs. Es ist wichtig, den Hund genau zu beobachten. Sollte er Schwierigkeiten haben mit Dornen oder Brennesseln, so ist es sinnvoll, diese Geländegegebenheit nur langsam einzubauen. Ein motivierter Hund wird leichter diese Unbilden überwinden.

Interessanterweise gibt es Hunde, die überhaupt keine Rücksicht auf Geländeschwierigkeiten nehmen. Wir persönlich glauben, daß dies auch eine angeborene Verhaltensweise ist. Sicher kann man hier fördernd eingreifen, indem man schon mit dem jungen Hund in den unterschiedlichsten Geländeformen spazieren geht. Bei unseren eigenen Hunden gibt es alle Abstufungen. Manche lassen sich auch durch dichteste Dornen nicht abhalten. Unsere älteste Hündin kam öfter einmal mit blutigen Schrammen zurück, die sie offensichtlich nicht störten. Eine andere Hündin ist sehr zurückhaltend bei schwierigem Gelände. Wieder eine andere ist völlig unbeeindruckt, sobald es sich um »the real thing« handelt, nämlich Jagd. Bei Dummies braucht sie doch noch eine zusätzliche Aufforderung. Leider finden diese Dinge bei unseren Zuchtgedanken nur wenig Beachtung, genau wie Wasserfreude.

Wie bei allen anderen Aufgaben gilt es, den Schwierigkeitsgrad immer so zu gestalten, daß der Hund gefordert, jedoch nicht überfordert wird. Das gilt um so mehr für eine Arbeit, bei der Sie Ihrem Hund eigentlich nicht helfen können.

Sollten Sie bemerken, daß Ihr Hund eher in die Breite sucht, so ist es gut, mit Rückenwind zu arbeiten und mehr Dummies in der Tiefe auszulegen (U-förmig). Geht der Hund sehr tief, ist es sinnvoll, die Dummies in umgekehrter U-Form auszulegen.

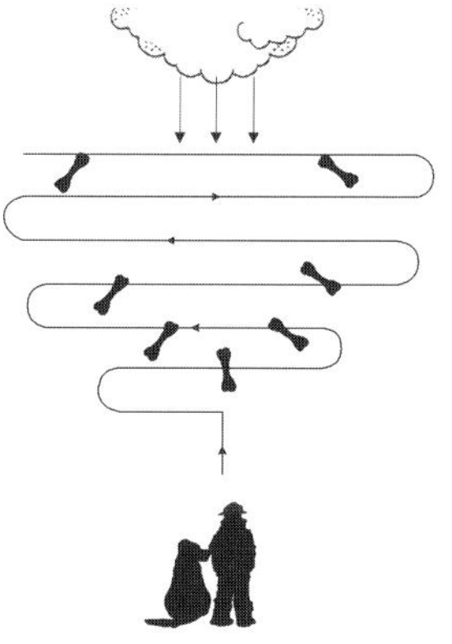

Wenn Sie das Glück haben, mit jemand anderem zu trainieren, können Sie die Verlorensuche auch zusammen arbeiten. Zu Beginn arbeiten jeweils zwei (oder mehr) Hunde abwechselnd. Achten Sie dabei unbedingt auf Steadiness. Später können Sie versuchen, zwei Hunde gleichzeitig arbeiten zu lassen. In der dänischen Markproeve wird dies ab der Offenen Klasse gefordert.

Auf normalen Dummy-Prüfungen wird keine Schleppe vorkommen. Anders sieht dies z.B. in Holland im sogenannten A-Diplom aus und natürlich bei Jagdprüfungen. Es kann auf einem Working-Test jedoch durchaus vorkommen, daß eine Markierung fällt und das Dummy vom Fallplatz aus noch einige Meter an einer Schnur weitergezogen wird. Damit wird ein »Runner« simuliert, also ein angeschossener Fasan, der sich verletzt am Boden weiterbewegt. Es ist auch für den nicht-jagdlich eingesetzten Retriever sinnvoll, eine Schlepparbeit zu üben. Natürlich sondert Wild sehr viel mehr Geruchsmoleküle ab als ein Dummy. Tatsächlich arbeiten die meisten Hunde jedoch die Geländeverletzungen, die durch den Schleppenzieher hervorgerufen werden, ähnlich einer Fährte.

Zu Beginn üben Sie dies auf kurze Entfernung und gehen nicht mehr als 50 Schritte. Es ist sehr schön, wenn Sie dabei einen Helfer haben. Der Hund sieht den Schleppenzieher weggehen und wird dann weggedreht. Kurze Zeit später gehen sie zum Ausgangspunkt, den der Helfer genau markiert hat, lassen den Hund dort absitzen und Witterung aufnehmen. Er wird mit dem Kommando »Such« losgeschickt.

Schleppen, Fährten und auch Schweißarbeiten (Nachsuchen auf angeschossenes größeres Wild) sind Spezial-Aufgaben, die eine besondere Ausbildung erfordern. Es würden den Rahmen dieses Buches sprengen, hierauf genauer einzugehen.

EINWEISEN

Das Einweisen ist eine der Paradedisziplinen des Retrievers. Im Jagdalltag ist dies sehr wichtig, denn Einweisen ermöglicht dem Jäger, den Hund schnell zu einer Fallstelle zu schicken, ohne daß unnötig Zeit verloren geht und Gelände beunruhigt wird, das noch bejagt werden soll. Gerade hier entstehen beim Training jedoch oft große Probleme.

Beim Einweisen weiß der Hundeführer, wo ein oder mehrere Stükke liegen, der Hund jedoch hat den Fall nicht wahrgenommen. Der Führer dirigiert mittels sichtbarer und hörbarer Zeichen den Hund in dieses Gebiet. Erst dort beginnt der Hund mit einer selbständigen Suche.

Wie bei den vorangegangenen Apportierarten spielen auch beim Einweisen der Wind und das Gelände sowie die Witterungsbedingungen eine wichtige Rolle. Ebenso können gerade hier Geländeübergänge bedeutsam sein, am offensichtlichsten vielleicht beim Einweisen über Wasser.

Leider kann man es immer wieder erleben, daß Hundeführer ihren Hund so einweisen, daß er unmöglich Wind vom ausgelegten Stück bekommen kann. Aber das wird Ihnen sicherlich nicht passieren?! Auch haben Sie sicherlich nicht vergessen, daß der Hund immer ein wenig mit dem Wind driftet und Sie werden dies, bevor Sie Ihren Retriever losschicken, mit ein kalkulieren. Gerade beim Einweisen muß man dem Hund immer eine Nasenlänge vorausdenken.

Über das Einweisen ist schon viel geschrieben worden. Engländer, aber gerade auch die Amerikaner haben es zu einer hohen Kunst entwickelt. In Amerika werden Hunde über enorm weite Entfernungen eingewiesen, wobei der Hund auf keinen Fall von der direkten, geraden Linie abweichen soll, auch wenn dies bedeutet, große Hindernisse zu überwinden. In Amerika wurde auch das Handling perfektioniert. So trägt der Hundeführer fast immer weiße oder zumindest jedoch sehr helle Kleidung, um vom Hund auch aus großer Entfernung gut erkannt zu werden. Fairerweise sei jedoch auch darauf hingewiesen, daß amerikanische Retriever fast immer mittels eines Elektro-Halsbandes (oft Teletakt genannt) ausgebildet werden – eine Ausbildungsmethode, über die man geteilter Meinung sein kann und die sicherlich auch nicht jeder Hund verträgt.

Auch in England wird bei Retrievern ein sehr großes Gewicht auf Dirigierbarkeit gelegt, wobei die Hunde jedoch permanent ihre Nase einsetzen, ohne die Linie zu verlieren oder in eine Großflächen-Suche zu verfallen. Dieses sogenannte »Hunting« ist neben der Lenkbarkeit des Hundes eine der wichtigsten Eigenschaften englischer Field Trial Hunde.

Die große Kunst des Einweisens besteht darin, den Hund so zu lenken, daß Gelände und Wind eine optimale Hilfe darstellen

Die große Kunst des Einweisens besteht darin, den Hund so zu lenken, daß Gelände und Wind eine optimale Hilfe darstellen. Gerade bei dieser Apportierart ist der Hund über weite Strecken komplett vom Menschen abhängig und kann nur so gut oder schlecht arbeiten, wie sein Führer es ihm erlaubt – vorausgesetzt natürlich, er nimmt die Richtung und auch Richtungswechsel gut an.

Diese Art des Arbeitens ist nicht direkt in den Anlagen des Hundes verankert und widerspricht in gewissem Sinn seiner natürlichen Vorgehensweise. Es setzt ein großes Vertrauen des Hundes zu seinem Führer voraus. Eine große Bereitschaft des Hundes, sich willig der Führung des Menschen zu überlassen, macht das Training natürlich sehr viel leichter. Ein Hund, der stark aus seinen eigenen Trieben arbeitet und sich nur ungern unterordnet, kann im Training enormes Durchhaltevermögen seines Besitzers erfordern.

Beim Training muß sich der Besitzer immer eines vor Augen halten: Einweisen basiert auf dem Vertrauen des Hundes zu seinem Führer.

Dieses Vertrauen erwirbt der Hund am besten durch Erfolgserlebnisse, also positive Erfahrungen. Selbstverständlich muß als Grundlage ein gut ausgeprägter Grundappell vorhanden sein, so daß der Hund auf Pfiff sitzt und ohne Probleme auf Kommando zurückkommt. Daraus folgt, daß das Training für Einweisen ein langsamer, schrittweiser Aufbau sein sollte. Dem Hund muß idealerweise im Laufe des Trainings das Befolgen der Richtungszeichen in Fleisch und Blut übergehen. Logisch, daß dies nur mit viel Fleiß und Geduld zu erreichen ist.

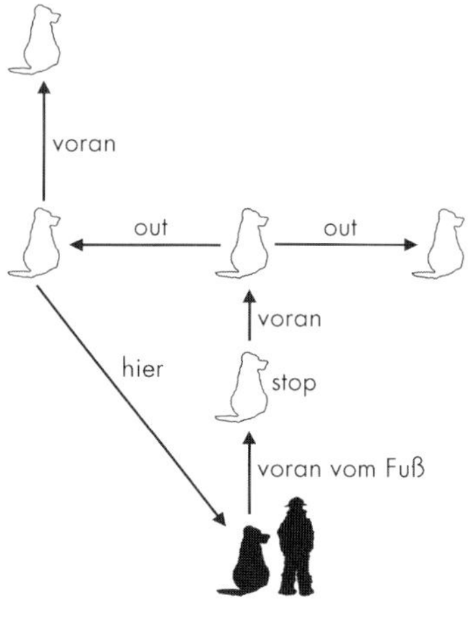

Im Prinzip muß der Hund fünf verschiedene »Richtungskommandos« erlernen:

1. Voranschicken am Fuß
   Dabei sitzt oder steht der Hund direkt neben seinem Führer und wird von dort aus losgeschickt
   Kommando: Voran oder Back

2. »Über den Kopf voranschicken«
   Dabei befindet sich der Hund vor dem Führer in beliebiger Entfernung und soll weiter in dieser Linie vorangehen
   Kommando: Voran oder Back

3. Rechts schicken
   Dabei befindet sich der Hund vor dem Führer in beliebiger Entfernung und soll nun nach rechts gehen
   Kommando: Über oder Out

4. Links schicken
   Entsprechend dem vorherigen, nur in anderer Richtung
   Kommando: Über oder out

5. Zurückkommen
   Dabei befindet sich der Hund vor dem Führer in beliebiger Entfernung und soll auf gerader Linie zum Führer zurückkommen.
   Kommando: Hier

Darüber hinaus sind die beiden folgenden Kommandos unabdingbar:

6. Sitz oder Halt auf Entfernung
   Der Hund stoppt auf Kommando in beliebiger Entfernung vor dem Führer, wendet sich ihm zu und erwartet weitere Richtungsangaben. Dies ist ein absolut erforderliches Bindeglied zwischen den einzelnen, zuvor besprochenen Handlungen.
   Kommando: Sitz bzw. Haltpfiff

7. Suchen
   Wenn der Hund in beliebiger Entfernung vor dem Führer in unmittelbarer Nähe des Dummies angekommen ist, soll er auf Aufforderung die Fallstelle selbständig ausarbeiten und das Dummy suchen.
   Kommando: Such oder Suchen-Pfiff

Durch Kombination dieser Kommandos wird der Hund zum gewünschten Ziel dirigiert. Dies geschieht sowohl durch optische als auch akustische Signale.

Bei der Fülle der o.g. Aufgabenstellungen ist es eigentlich einleuchtend, daß diese verschiedenen Kommandos in einzelne Übungen aufgeteilt und später wieder zusammengefügt werden. Entsprechend wird das Training aufgebaut.

Als erstes lernt der Hund das Voranschicken vom Fuß. Wie auch bei allen anderen Signalen, hilft der Besitzer seinem Hund vor allem auch dadurch, daß er die Signale immer in gleicher Weise gibt und natürlich für den Hund gut verständlich.

Beim Voranschicken sitzt der Hund ruhig neben dem Führer und befindet sich mit seinem Körper genau in der Linie, in die er geschickt werden soll. Es gibt verschiedene Körperhaltungen, die der Mensch

dabei einnehmen kann. Wichtig ist jedoch, daß der Hund nicht in seiner Konzentration gestört wird. Leider müssen wir viel zu oft sehen, daß der Hund in dieser Position angefaßt wird, um ihn z.B. in die richtige Richtung zu setzen, oder sein Kopf wird gar in die entsprechende Position gedreht. Fast unmöglich, jetzt noch auf einen entfernten Punkt konzentriert zu sein. Probieren Sie es ruhig einmal selbst aus.

Die Amerikaner bevorzugen eine Haltung, bei der der Mensch rechts neben seinem Hund steht (der Hund sich also auf der linken Seite des Hundeführers befindet), den linken Fuß etwas nach vorne stellt und mit der linken Hand in die gewünschte Richtung weist. Das Losgehen erfolgt durch das Kommando »Voran«, wobei der Führer in die Richtung blickt, in die der Hund geschickt wird. In England ist eine Haltung gebräuchlich, in der der Mensch seitlich neben seinem Hund steht und mit der rechten Hand in die entsprechende Richtung zeigt. Welche Haltung Sie persönlich einnehmen, bleibt Ihnen überlassen. Wichtig ist, daß diese Haltung bequem ist, den Hund nicht zu sehr bedrängt und immer die gleiche ist – wie ein Ritual.

Um das Voranschicken vom Fuß zu üben, können Sie z.B. auf einem Weg o.ä. ein Dummy gut sichtbar für Ihren Hund ablegen, dann mit ihm am Fuß einige Meter weitergehen, sich beide umdrehen, um Ihren Retriever dann in o.g. Weise zu schicken. Dies ist eine wunderbare Übung für den täglichen Spaziergang. Diese Aufgabe hat zudem noch den großen Vorteil, daß der Hund auf der sog. »Führer-Rückspur« geschickt wird und durch diese geruchliche Hilfe schnell lernt, auch große Entfernungen (Zurück-) Voran zu laufen.

Sollte Ihr Hund nicht sofort auf das erste »Voran« losstürmen, verzweifeln Sie nicht. Es ist ein neues Kommando, welches Ihr Retriever noch nicht kennt und um dessen Bedeutung er dementsprechend auch noch nicht weiß. Weichen Sie jetzt aber nicht auf ein anderes Kommando aus. Stattdessen halten Sie Ihren Arm weiter in Richtung des Dummies und laufen nun los. Ihr Hund wird Ihnen sicherlich folgen. Irgendwann, früher oder später kommt der Punkt, an dem Ihr Hund sich von

Ihnen löst und dies quittieren Sie natürlich sofort mit einem Lob.

Ein Schrittchen weiter in der Lernpyramide ist die folgende Übung: Lassen Sie Ihren Hund auf einem Weg o.ä. sitzen und gehen dann einige Meter weiter. Dort legen Sie, deutlich sichtbar für Ihren Vierbeiner ein Dummy nieder und kehren anschließend zu Ihrer Ausgangsposition zurück. Jetzt schicken Sie Ihren Retriever, wie oben beschrieben, aus

der Grundstellung voran.
In Variation dazu können Sie

a. Mehrere Dummies nebeneinander in eine Linie legen und Ihre Startposition schrittweise weiter entfernen oder

b. Mehrere Dummies in ca. 5 - 10 m Abstand hintereinander auslegen. Bei gleicher Startposition vergrößern Sie auch auf diese Weise den Abstand zwischen Hund und Dummy.

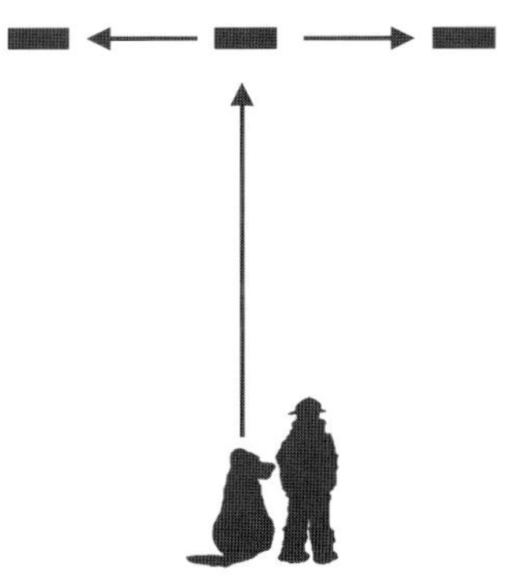

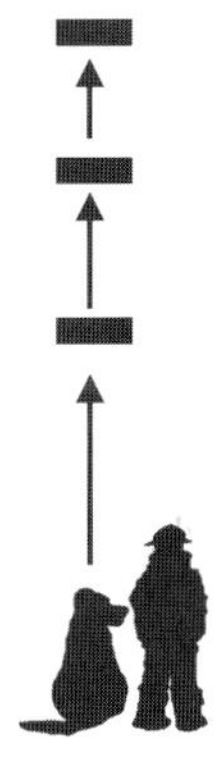

Auch das über den Kopf voranschicken wird ganz langsam aufgebaut, indem man ein Dummy gut sichtbar auf einem Weg auslegt. Der Hund wird abgesetzt, der Führer geht einige Schritte zurück und schickt

dann den Hund aus dieser Stellung mit Stimme und Handzeichen zurück. Es ist zu empfehlen, dabei nur eine Hand nach oben zu nehmen und etwas nach vorne zu bewegen. Hunde drehen sich dann erstaunlicherweise oft gerade zu der Seite um, auf der die Hand oben ist. Die andere Hand hat man frei für die Pfeife.

Wichtig ist bei all diesen Übungen, daß der Hund durch schnellen Erfolg Vertrauen gewinnt. D.h., Sie sollten anfangs immer einen Weg o.ä. als optische Leitlinie benutzen. Auch empfiehlt es sich, in dieser Phase der Ausbildung mit weißen Dummies (eine alte, weiße Tennissocke über das Dummy gezogen, leistet dafür hervorragende Dienste) zu arbeiten, die der Hund auch aus größerer Entfernung leicht erkennt.

Fängt Ihr Hund an, auf dem Weg zum Dummy langsamer zu werden, gar anzuhalten, oder aber komplett von der Ideallinie abzuweichen, sind Sie zu schnell vorgegangen. Die Hunde sind in diesen Fällen meist verunsichert und wissen nicht mehr genau, was von ihnen verlangt wurde. Gehen Sie einen Schritt zurück und erhöhen etwas später wieder den Schwierigkeitsgrad.

Das Rechts- und Links-Schicken wird auch wieder separat geübt. Am einfachsten ist es zu Beginn an einer Wegkreuzung. Der Hund wird in die Mitte gesetzt und rechts und links von ihm wird für ihn gut sichtbar je ein Dummy ausgelegt. Sie stellen sich wenige Schritte vor den Hund und weisen in die entsprechende Richtung. Gerade am Anfang kann es hilfreich sein, wenn ein Helfer das andere Dummy sichert, so daß ein Hund, der die falsche Richtung nimmt, nicht zum Erfolg kommt. Setzen Sie den Hund immer wieder in die Ausgangsposition zurück. Diese Übung kann man variieren, indem man mehrere Dummies hintereinander rechts und links legt. Geschickt wird mit verbalem Kommando und Handzeichen, wobei ein Arm in die Richtung des

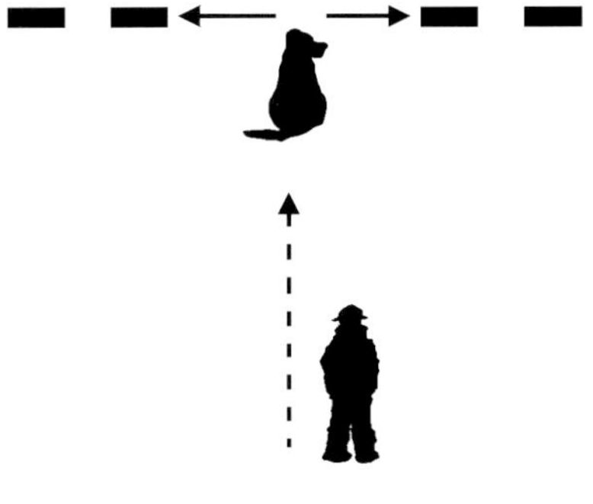

Dummies weist.

Es ist sehr wichtig, daß zu Beginn des Einweisens immer mit gut sichtigen Dummies gearbeitet wird. Erst ganz langsam kann man »blinde« Dummies benutzen, die der Hund beim Auslegen nicht gesehen hat.

Wenn diese Übungen auf einem Weg oder auch z.B. entlang einer Hecke gut klappen, können Sie einen Schritt weiter gehen und die gleichen Übungen auf einer Wiese oder einem Feld durchführen. Bedenken Sie jedoch, daß Ihrem Vierbeiner hier eine optische Leitlinie fehlt, und die Entfernungen deswegen zu Anfang entsprechend gering gehalten werden sollten.

Eine interessante Variante des Einweisetrainings konnten wir bei einem belgischen Ausbilder beobachten: Er konditionierte seine Hunde auf einen großen, gut sichtbaren, weißen Stock. Die Hunde lernten sehr schnell, daß immer dort, wo dieser Stock war, sich auch ein Dummy befand. Auf diese Weise konnte er schnell auch in relativ anspruchsvollem Gelände arbeiten, und hatten die Hunde erst einmal das »Ritual« des Einweise-Kommandos verstanden, war es auch nicht mehr schwer, ohne diese optische Hilfe zu arbeiten.

Eine weitere Übung, um das sichere Vorangehen zu lernen, ist das »Schicken auf dem Zifferblatt«. Gehen Sie dazu auf eine Wiese oder ein Feld und setzen Ihren Hund möglichst zentral ab. Stellen Sie sich jetzt vor, Sie ständen im Mittelpunkt eines großen Uhren-Ziffernblattes und legen Dummies an 3, 6, 9 und 12 Uhr aus. Der Hund kann jetzt vom Zentrum sowohl aus der Grundstellung als auch über Kopf voran geschickt werden.

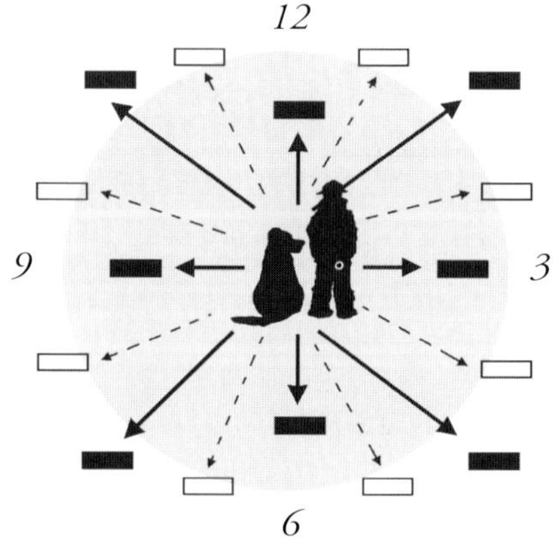

Etwas schwieriger wird es, wenn Sie jetzt zusätzlich an 1 und 2 Uhr usw. Dummies hinlegen. Für Fortgeschrittene wird diese Übung dann mit unterschiedlichen Entfernungen variiert. D.h., daß das Dummy an 3 Uhr z. B. ca. 30 m entfernt liegt, das Stück an 4 Uhr 50 m, das an 5 Uhr 40 m usw.

Diese Kreisübungen bringen es auch automatisch mit sich, daß Sie in verschiedene Windrichtungen schicken, Ihr Hund also lernt, sowohl bei Rücken-, Seiten- oder auch Wind von vorne zu gehen.

Erst wenn die einzelnen Übungen jede für sich gut klappen, kann man damit anfangen, das Mosaik zusammenzufügen. Das bedeutet z.B. den Hund voranschicken vom Fuß, dann abpfeifen und ihn anschließend beispielsweise nach rechts schicken.

Von den Amerikanern kennen wir die sogenannte T- oder auch Doppel-T-Übung: Die Dummies werden dabei in Form eines auf dem Kopf stehenden »T« ausgelegt.

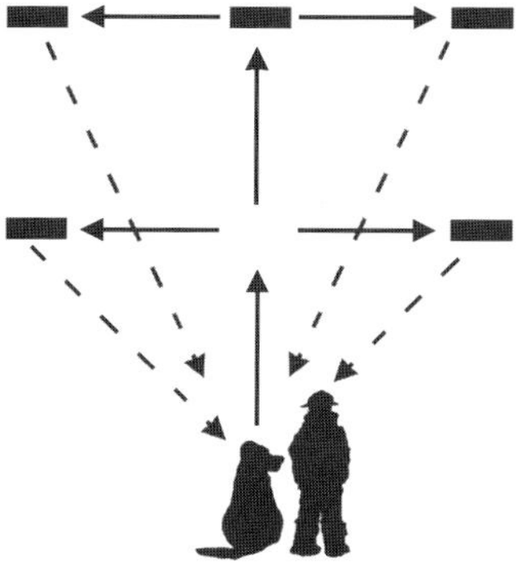

Der Hund kann jetzt nach rechts, links oder auch voran geschickt werden. Gleiches gilt für das Doppel-T, nur daß hier die Möglichkeiten noch komplexer sind.

Kombinationen der Grundapportierarten

Wenn der Hund die Grundapportierarten beherrscht, besteht das weitere Training in Variationen und Kombinationen. So kann man beispielsweise einweisen in ein Suchengelände zur Verlorensuche. Oder aber es fällt eine Markierung, der Hund wird jedoch zuerst auf ein vorher »blind« ausgelegtes Dummy eingewiesen.

Ihrer Phantasie sind keine Grenzen gesetzt. Es gilt nun, den Hund so viele Erfahrungen wie möglich mit unterschiedlichen Aufgaben und Gelände machen zu lassen. Das Training orientiert sich nun immer mehr an praktischen Jagdsituationen.

Wild und praktische Jagd

Wie schon zu Anfang dieses Buches erwähnt, liegen die Wurzeln der Apportierarbeit in der jagdlichen Verwendung des Retrievers. Somit haben alle hier aufgeführten Apportierarten eine praktische Verwendung im Jagdalltag mit dem Retriever.

Wir persönlich sind der Meinung, daß die jagdliche Arbeit mit Retrievern den Jägern überlassen werden sollte oder zumindest denjenigen, die auch Gelegenheit haben, Ihren Hund tatsächlich jagdlich einzusetzen. Leider werden viel zu häufig Hunde mit Wild gearbeitet, die nach einer abgelegten Jagdprüfung nie wieder einen Fasan apportieren können und allenfalls noch auf dem täglichen Spaziergang durch den Stadtpark Enten zu Gesicht bekommen (die sie selbstverständlich nicht jagen dürfen). Es ist ein Jammer, daß der Hund erst mit viel Mühe und Aufwand an Wild gewöhnt wird, dabei natürlich auch einiges an Suchen- und Schleppwild verbraucht wird, nur damit der Retriever eine bestandene Jagdprüfung nachweisen kann und gegebenenfalls in der Gebrauchshundeklasse auf einer Show starten kann!

Doch zurück zur jagdlichen Verwendung des Retrievers. Im Prinzip können alle vorher beschriebenen Übungen und Apportierarten in gleicher Weise mit Wild durchgeführt werden. Manches ist dann einfacher – die Hunde sind meist motivierter, die Nasenarbeit ist leichter u.v.m. aber einiges wird auch schwerer – vor allem Steadiness. Ein Hund, der bei der Dummyarbeit schon Probleme mit der Steadiness hat, wird z.B. auf einer Fasanenjagd noch mehr Schwierigkeiten haben. Vieles läßt sich aber vorab schon einmal »trocken« mit dem Dummy üben, bevor sich Ihr Retriever dann an Wild versucht.

Im praktischen Jagdalltag wird man immer wieder erleben, daß die einzelnen Apportierarten – Markieren, Suchen und Einweisen – miteinander vermischt werden und fast fließend ineinander übergehen. So kommt es vor, daß mehrere Stücke geschossen werden und der Hund diese auch fallen sieht (markiert), dann aber ein Stück nur angeschossen wird, welches Ihr Retriever überhaupt nicht bemerkte. Sie müssen also Ihren Hund erst einmal auf diesen »Runner« einweisen, bevor er später dann die Markierungen arbeiten kann. Häufig findet man auch

Kombinationen von Einweisen (z.B. über einen breiteren Bach) und Suchen (in einer Brombeerdickung).

Die Kombination und Vielfältigkeit der Möglichkeiten ist sicherlich mit einer der großen Reize an der jagdlichen Arbeit mit dem Retriever, und nur ein gut ausgebildeter und ständig gearbeiteter Hund ermöglicht eine weidgerechte Jagd!

Es gibt eine Vielzahl von Literatur, die sich speziell mit der Vorbereitung eines brauchbaren Jagdhundes beschäftigt. Insbesondere Schweißarbeit ist ein weites Feld, und es gibt in Deutschland eine große Tradition und einige äußerst erfahrene Ausbilder, an die man sich wenden kann. Im Zweifelsfall sind die örtlichen Ausbildungsgruppen der Jägerschaften eine große Hilfe.

Häufige Fehler und ihre Korrekturen

Unsteadiness – Weinen, Jaulen etc.

Auf der Liste von Eigenschaften, die wir nicht mögen, steht Weinen, Jaulen, Bellen und Winseln an erster Stelle. Ein Retriever sollte, was immer auch um ihn herum geschieht, ruhig – das heißt still – neben uns sitzen und auch ohne irgendwelche Lautäußerungen arbeiten.

Leider tun einige Retriever, unserer Erfahrung nach vor allem Flats, Chessies und Labrador, dies nicht. Diese Lautäußerungen reichen von leisem Winseln bis zu lautem Bellen.

Sicher hat dieses Verhalten eine stark erbliche Komponente. Es kann jedoch verstärkt werden durch Trainingsfehler.

Wir selbst sind hier auch ein gebranntes Kind, da unsere Stammhündin selbst Hetzlaut von sich gibt. Unerfahren, wie wir waren, haben wir darauf nicht weiter geachtet. Hinzu kommt, daß manche Jäger dieses Verhalten durchaus zu schätzen wußten – bei vielen deutschen Jagdhunderassen ist es erwünscht. Inzwischen versuchen wir, dieses Verhalten zuchtmäßig auszumerzen, ein langwieriger Vorgang. Welpenkäufer weisen wir auf das Risiko hin, daß ihr Welpe zum »weinen« neigen könnte.

Warum ist dies überhaupt von so großer Bedeutung? Wer selbst einmal neben einem »weinenden« Retriever während der Arbeit gestanden hat, wird bestätigen können, wie sehr dies an den Nerven zehrt. Hinzu kommt, daß auch in diesem Falle gilt: »Wehret den Anfängen«. Ich erinnere mich noch gut an eine Labrador-Hündin, die während einer Schleppe durchgehend Spurlaut von sich gab. Ganz zu schweigen vom Bellen, wenn sie nicht an der Reihe war und andere Hunde apportierten. Dieses Verhalten ist mit der Rasse unvereinbar.

Was tun, wenn so etwas bei Ihrem Hund auftaucht? Dies ist eine schwierige Frage. Sollte es ein junger Hund sein, der dieses Verhalten zum ersten Male zeigt, so sollten Sie *sofort und sehr nachhaltig* auf ihn einwirken. Es kann gar nicht nachhaltig genug sein. Analysieren Sie zudem die Situation, in der dieses Verhalten aufgetreten ist. Manche Hunde beginnen mit Weinen aus Langeweile oder Ungeduld, weil sie zu lange warten müssen, während andere Hunde arbeiten. Lenken Sie ihn ab und verzichten Sie für einige Zeit auf die Arbeit in einer Gruppe. Das ist auch fair den anderen gegenüber, denn Weinen ist unserer Erfahrung nach gerade bei jungen Hunden sehr ansteckend. Am wichtigsten ist jedoch, daß der Hund lernt, daß dieses Verhalten absolut unerwünscht ist.

Große Spannung Ihrerseits, die sich auf den Hund überträgt, kann das Weinen ebenso fördern wie zu früher Einsatz auf der Jagd, z.B. einer großen Hasenjagd.

Hat sich dieses Verhalten erst einmal verfestigt, ist guter Rat teuer. Konsequentes und durchschlagendes Eingreifen bei jeder Lautäußerung ist sicher eine Möglichkeit. Erfahrungsgemäß kann es auch gelingen, den Hund ruhig zu halten, so lange er neben Ihnen ist. Oft entlädt sich die Spannung jedoch, wenn der Hund arbeitet. Ich kenne Hunde, die beim Losschicken ein lautes Bellen von sich geben oder im Wasser auf dem Weg zum Dummy winseln (leider gut hörbar für alle). Daran läßt sich nur noch wenig tun.

Knautschen

Retriever sollten ein weiches Maul haben, das bedeutet, Wild (oder Dummies) völlig unversehrt zurückbringen. Dies ist unverzichtbar, wenn man ein erlegtes Stück später noch verzehren möchte, was ja der tiefere Sinn jeder Jagd ist. In der Praxis heißt dies auch, daß der Retriever das Wild lebend zum Führer zurückbringt, falls es nur angeschossen war. Dies steht im Gegensatz zu z.B. vielen deutschen Jagdhunderassen, die das Wild meist erst abtun, bevor sie es zurückbringen.

Auf englischen Jagdprüfungen ist Knautschen ein sofortiger Ausschlußgrund. Jedes gebrachte Stück wird vom Richter daraufhin untersucht. Dies ist auch im FCI-Reglement für Arbeitsprüfungen im Felde (Field-Trial) für Retriever verankert.

Da die wenigsten unter Ihnen Jäger sind, treffen wir immer wieder auf das Argument, daß dies ja bei der Dummy-Arbeit nicht so wichtig ist. So kann man bei Trainingsgruppen und Prüfungen häufig »durchlöcherte« Dummies sehen. Auf einer Prüfung haben wir einmal erlebt, wie ein Dummy kurz vor dem Hund im Wasser einfach untergegangen ist – wahrscheinlich war es durchgebissen worden. Manche Hunde »kauen« buchstäblich auf dem Dummy beim Zurückkommen, insbesondere im Wasser.

Wir denken, daß alle im FCI-Reglement genannten Ausschlußgründe bei Arbeitsprüfungen auch bei Dummy-Prüfungen Anwendung finden sollten. Darüber hinaus sollte man auch bedenken, daß Hartmäuligkeit ebenfalls eine stark genetisch bedingte Komponente hat.

Nun hat das Training einen erheblichen Einfluß auf dieses Verhalten. Gestatten Sie Ihrem Hund nie, mit dem Dummy zu spielen. Unsere eigenen Hunde haben kein »Spielzeug«, wie z.B. Plastiktiere oder Bälle, auf denen sie herumkauen. Dafür gibt es spezielle Kauknochen, Ochsenziemer, Kuhhufe etc. Dies gilt auch für Welpen ab acht Wochen. Plastik-Dummies können diese Unsitte ebenso fördern wie das Apportieren mit Stöcken.

Sollte dieses Verhalten auftreten, so gehen Sie am besten zurück zu ganz ruhigen Übungen wie Tragen und Festhalten. Erst wenn es in solchen Situationen klappt, sollten Sie wieder zu freien Apportierübungen übergehen. Ruhe, Geduld und Konsequenz können hier viel bewirken. Auch übermäßige Anspannung Ihrerseits, die sich auf den Hund überträgt, sollte vermieden werden. Entspannen Sie sich, damit Ihr Hund nicht so unter Strom steht, daß er diese Spannung möglicherweise am Dummy abreagiert.

Hetzen

Nicht nur für die Dummy-Arbeit, sondern gerade für das tägliche Leben ist es eine große Belastung, wenn ein Retriever Wild hetzt. Ganz abgesehen natürlich von der Beunruhigung, die dieses Verhalten für das Wild darstellt. Entgegen der gängigen Meinung ist unserer Erfahrung nach dies bei Retrievern durchaus verbreitet.

Generell gilt auch hier die goldene Regel: Wehret den Anfängen! Sorgen Sie für ein »bombensicheres« Stopsignal. Das bedeutet, es muß 150 %ig klappen in normalen Situationen, damit es in Ablenkung auch noch wirkt. Nehmen Sie Ihren Hund im Zweifelsfall lieber an die Leine, insbesondere in unbekanntem, möglicherweise wildreichen Gelände.

Leider gibt es wenig Dinge, die Hunde so nachhaltig lernen wie hetzen

Leider gibt es wenig Dinge, die Hunde so nachhaltig lernen wie hetzen. Dies gilt um so mehr, wenn sie dabei einmal, vielleicht zufällig, Erfolg hatten. In unserem Rudel ist unsere alte Hündin eine hervorragende Lehrmeisterin. Sie gibt das Aufbruchsignal und alle, gerade aber die jungen Hunde folgen. Mehrere Hunde, die gemeinsam hetzen, stellen eine sehr große Gefahr für das Wild dar. Zudem legen sie viel größere Entfernungen zurück, als sie dies allein tun würden. Deshalb sollten Sie unbedingt vermeiden, daß dies auch nur ein einziges Mal geschieht. Wir selbst lassen unsere alte Hündin nur in absolut sicheren Umständen mit den anderen gemeinsam laufen und nehmen junge Hunde im ersten Lebensjahr nicht mit auf gemeinsame Spaziergänge mit den älteren Hunden. Erst wenn der Grundappell stimmt, ist der Zeitpunkt dafür gekommen.

Ist das Kind erst einmal in den Brunnen gefallen, gilt es, am Grundappell zu arbeiten. Konsequent und ohne Einschränkungen. Wie bereits gesagt, den Hund im Zweifelsfall lieber an die Leine nehmen. Kommt der Hund zurück, so hat es wenig Zweck, dann noch zu strafen. Hat er aber Ihr Signal ignoriert, z.B. den Sitzpfiff, nehmen Sie ihn ruhig an die Leine und gehen exakt zu diesem Punkt. Dort sollten Sie das Kommando nachdrücklich wiederholen und darauf achten, daß es eingehalten wird.

Es ist bei der Arbeit sehr unangenehm, wenn Ihr Hund das Dummy ignoriert oder das bereits aufgenommene Dummy fallenläßt, um z.B. einen Hasen zu hetzen. Wir meinen, daß unversehrtes, lebendes Wild immer tabu sein sollte.

Manche jungen Hunde machen Anstalten, Vögel zu jagen. Auch dies sollte unterbunden werden. In diesem Zusammenhang noch eine schreckliche Unsitte: Das Graben nach Mäusen. Insbesondere Golden haben hierfür eine Leidenschaft. Wir persönlich unterbinden dies rigoros.

Tauschen

Es wird als ausschließender Fehler gewertet, wenn ein Hund Dummies tauscht. Das geschieht zumeist bei der Verlorensuche. Der Hund hat ein Dummy gefunden, stößt auf ein anderes, läßt daraufhin das erste fallen und nimmt sich das zweite.

Tauschen bedeutet eigentlich, daß der Hund mit dem einmal gefundenen Stück nicht sofort und auf schnellstem Wege zurückkommt

Tauschen bedeutet eigentlich, daß der Hund mit dem einmal gefundenen Stück nicht sofort und auf schnellstem Wege zurückkommt. Darin liegt auch der Ansatz für das Training oder die Korrektur, wenn der Hund schon einmal diesen Fehler gezeigt hat.

Zumeist ist es nicht so, daß der Hund auf dem Rückweg zufällig über ein anderes Dummy stolpert. Im Gegenteil, in den meisten Fällen nimmt der Hund ein Dummy auf und sucht dann gezielt mit diesem Dummy im Fang weiter.

Falls Sie also einen Hund mit der Tendenz zum Tauschen haben, führen Sie ihn in Versuchung - und zwar so, daß Sie ihn sehen können. Machen Sie ihm eindringlich klar, daß Sie dieses Verhalten nicht wollen. Erst wenn der Hund in offenem Gelände einwandfrei zurückbringt und sich nicht verleiten läßt, können Sie im nächsten Schritt auf dem Rückweg ein Verleitungsdummy werfen.

Wenn es unter diesen Bedingungen keine Probleme mehr gibt und Sie sicher sind, daß der Hund verstanden hat, worum es geht, wechseln

Sie in dichteres Gelände. Am besten arbeiten Sie mit einem Helfer und markieren für sich die Stellen, an denen Dummies liegen. Der Helfer kann Ihnen Zeichen geben, sobald der Hund aufgenommen hat und natürlich auch, wenn er Anstalten zum Tauschen macht. Achtung, bei sensiblen Hunden kann es sehr schädlich sein, wenn der Helfer strafend eingreift. Am besten rufen Sie Ihren Hund im Zweifelsfall sofort zurück, wenn er ein Dummy aufgenommen hat. Diese Hilfe müssen Sie jedoch wieder abbauen, denn es sollte eine für den Hund automatische Reaktion sein, mit dem Dummy im Fang sofort zu Ihnen zu kommen.

Es ist sehr ärgerlich, wenn der Hund bei einer Prüfung tauscht. Aber es handelt sich dabei um einen Fehler, den man mit entsprechendem Training sehr gut korrigieren kann.

Schußscheue

Es ist eigentlich selbstverständlich, daß eine Jagdhunderasse nicht schußscheu sein sollte. Zumal in diesem Punkt auch allgemeine Übereinstimmung über die erbliche Komponente besteht.

Richtig ist auch, daß durch vorschnelles und unüberlegtes Schießen der Hund nachhaltige negative Erfahrungen machen kann, die zu stark schußempfindlichen Verhalten führen können. Gerade hier gilt es, den Hund langsam und mit Bedacht an den Schuß heranzuführen.

Nun kann sich schußscheues Verhalten durchaus noch nach der Pubertät entwickeln, dies haben wir selbst schon bei einigen Hunden beobachten können.

Wir persönlich würden einen schußscheuen Hund in keinem Fall dem Streß von Schüssen aussetzen. Der Hund leidet wirklich darunter. Sicher ist es möglich, den Hund so unter Kommando zu nehmen, daß er aus Gehorsamkeitsgründen seine Panik unterdrückt. Aber rechtfertigt hier das Ziel die Mittel?

Nun darf Schußscheue nicht mit Schußempfindlichkeit verwechselt werden. Sollte Ihr Hund zu irgendeinem Zeitpunkt empfindlich auf Schuß reagieren, suchen Sie den Rat eines erfahrenen Retrieverausbilders. Experimente können hier viel zerstören, das sich kaum wieder gutmachen läßt.

Viele Retriever reagieren von Anfang an völlig unbeeindruckt bei Schüssen. Doch auch hier gilt, daß Vorsicht und behutsame Gewöhnung gerade bei den ersten Malen unabdingbar ist. Der erste Schuß sollte in sehr weiter Entfernung abgegeben werden, und Sie sollten Ihren Hund gut beobachten, so daß Sie auch leichte Anzeichen von Unsicherheit sofort bemerken. Verringern Sie die Entfernung nur langsam. Es ist am besten, Sie wenden sich gerade in diesem sensiblen Punkt an einen erfahrenen Retrieverbesitzer.

Schußhitzig

Ähnlich wie Schußempfindlichkeit, kann auch unüberlegtes und häufiges Schießen bei manchen Hunden zur Schußhitzigkeit führen. D.h. der Hund wird bei jedem Schuß äußerst aufgeregt bis unkontrollierbar und springt gar ein. Vor allem unüberlegter Gebrauch eines Dummy-Launchers / Teleboc führt schnell dazu.

Seien Sie also sparsam mit Schüssen und kontrollieren Sie immer die jeweilige Situation. Übrigens auch der frühzeitige, übermäßige Einsatz junger Hunde auf der Jagd läßt schnell Schußhitzigkeit entstehen. Führen Sie Ihren jungen Hund an alles heran, aber immer nur in geringen Dosen und unter absolut kontrollierten Bedingungen.

Einige praktische Tips hinsichtlich Prüfungen

Viele Menschen haben große Sorge vor Prüfungen. Das können wir gut verstehen.

Früher war es so schlimm, daß ich vor einer Hunde-Prüfung nicht schlafen konnte. Wenn ich dann schließlich auf dem Gelände angekommen war, lagen meine Nerven blank und ich war eigentlich schon völlig erschöpft. Interessanterweise habe ich dieses Lampenfieber bei anderen Prüfungen nicht. Mein Mann sprach schließlich ein Machtwort und verordnete mir die Teilnahme an so vielen Prüfungen wie möglich. Jetzt geht es sichtlich besser.

Man kann eine Prüfung jedoch auch so sehen, daß Ihnen hier eine sehr angenehme Trainingsgelegenheit geboten wird. Jemand anderes hat ein Gelände ausgesucht, die Aufgaben festgelegt, die Helfer bereitgestellt, den Richter eingeladen – Sie müssen sich um nichts kümmern, nur noch teilnehmen.

Die meisten Prüfungen kann man beliebig wiederholen, und in unseren Nachbarländern ist dies auch durchaus üblich. Dort herrscht der sportliche Gedanke vor: Dabeisein ist alles und natürlich kann man dann auch das Quentchen Glück, das unbedingt dazugehört, viel besser einkalkulieren.

Es ist jedoch sicher empfehlenswert, sich zunächst einmal eine Prüfung anzusehen, um genau zu wissen, was auf einen zukommt. Der Hund sollte die Anforderungen schon gut beherrschen. Schief gehen kann dann immer noch etwas.

Eine Dummy-Prüfung mit den doch sehr festgelegten Aufgaben ist ein guter Einstieg. Bei Working-Tests sind die Anforderungen doch höher, da davon ausgegangen wird, daß der Hund die Aufgaben der entsprechenden Klasse Dummy-Prüfung gut beherrscht. Diese Aufgaben werden dann kombiniert und mit Ablenkungen versehen. Das ist natürlich interessant und spannend, aber nur dann zu bewältigen, wenn die Grundlagen sitzen.

Noch ein Wort zum Schluß: auch Richter sind nur Menschen! Das Urteil des Richters ist unanfechtbar, und das ist auch gut so. Es bleibt immer zu bedenken, daß hier jemand steht, der sich freiwillig den ganzen Tag damit beschäftigt, die Hunde fremder Menschen zu beurteilen. Nichts kann die Atmosphäre eines Prüfungstages so nachhaltig zerstören wie unsportliches Verhalten von Teilnehmern, die sich ungerecht behandelt fühlen.

Auf der anderen Seite bleibt zu hoffen, daß sich noch mehr engagierte Richter und Sonderleiter finden, die einen gut veranlagten Jagdhund suchen und keinen Zirkushund.

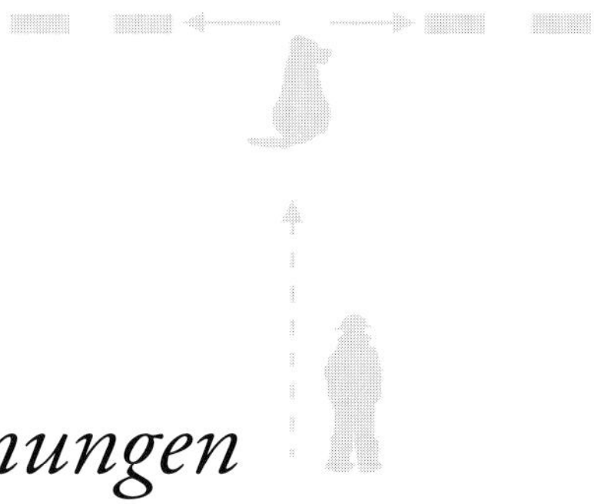

Prüfungsordnungen im In- und Ausland

Deutschland:

In Deutschland gibt es derzeit zwei Prüfungsformen – die Dummy-Prüfung und Workingtests. Der große Unterschied dieser beiden besteht darin, daß bei Dummy-Prüfungen der Trainingsstand des Hundes abgefragt wird, die genaue Aufgabenstellung also vorher feststeht.

Bei Working-Tests werden aus den Elementen der Dummy-Prüfung jagdähnliche Situationen nachgestellt. Die einzelnen Aufgaben werden je nach Gelände vom Richter festgelegt und sind vorher nicht bekannt. Hier steht der Wettbewerb im Vordergrund.

Auszüge aus der
Dummy-Prüfungsordnung (DOP/R) für Retriever des DRC
Stand 01.07.96

Anfängerklasse:

Einzel-Markierung Land

1. Unter Abgabe eines Schusses wird ein Dummy, für Führer und Hund deutlich sichtbar, in ca. 40 m Entfernung in offenes Gelände geworfen.
2. Der Hundeführer darf den Hund erst auf Anweisung des Richters zum Stück schicken.
3. Bei mangelhaftem Markieren erhält der Hund die Möglichkeit, ein zweites Mal diese Aufgabe abzulegen, wobei max. 5 Punkte erreicht werden können.

Einzel-Markierung Wasser

1. Unter Abgabe eines Schusses wird ein Dummy, für Führer und Hund deutlich sichtbar, in ein tiefes Gewässer geworfen.
2. Der Hundeführer darf den Hund erst auf Anweisung des Richters zum Stück schicken.
3. Der Ansetzpunkt muß von der Wasserkante entfernt liegen.

Verlorensuche

1. In einem 50 x 50 m großem Gelände mit offener Deckung werden für Führer und Hund nicht sichtbar 10 Dummies ausgeworfen.
2. Auf Anweisung des Richters wird der Hund zur Verlorensuche geschickt.
3. Der Führer kann sich entlang einer Seite des Suchengeländes bewegen.
4. Die Anzahl der apportierten Dummys ist nicht allein ausschlaggebend für die Bewertung.

Appell

1. Hund und Hundeführer gehen einen vorher festgelegten, ca. 80 m langen Parcours ab. Die ersten 40 m werden dabei angeleint, die zweiten 40 m frei-bei-Fuß zurückgelegt.
2. Am Ende dieses Parcours bleiben Hund und Hundeführer in Grundstellung stehen. In ca. 20 m Entfernung wird unter Abgabe eines Schusses ein Dummy sichtbar geworfen.
3. Während der Hund am Haltepunkt verbleibt, holt der Hundeführer das Dummy. Der Hundeführer entfernt sich um weitere 20 m in gerade Linie von seinem Hund.
4. Auf ein Zeichen des Richters ruft er seinen Hund zu sich.

Fortgeschrittenen-Klasse

Doppel-Markierung

1. Die Merkfähigkeit wird mittels einer Doppel-Markierung jeweils unter Schußabgabe geprüft, wobei mindestens ein Dummy in oder jenseits eines stehenden (langsam fließenden) Gewässers fällt. Die Arbeitsdistanz beträgt für das erstgeworfene Dummy ca. 50 m, für das zweitgeworfene ca. 70 m.
2. Die Reihenfolge der gebrachten Dummies ist beliebig. Jede Einwirkung des Führers ist stark punktmindernd.
3. Sollte kein geeignetes Gewässer zur Verfügung stehen, kann eine vergleichbare Doppel-Markierung auf Land gearbeitet werden. Zusätzlich muß dann eine Markierung aus tiefem Wasser gearbeitet werden. Diese wird mit „Bestanden/Nicht bestanden“ bewertet, es sei denn, der Hund zeigt schwere Fehler.

Verlorensuche

1. In einem ca. 60 m tiefen und 80 m breiten Gelände mit guter Deckung (Schonung, Wald mit Niederwuchs etc.) werden für Führer und Hund nicht sichtbar 10 Dummies ausgeworfen.
2. Nach Aufforderung durch den Richter wird der Hund zur Verlorensuche geschickt.
3. Der Führer kann sich entlang einer Seite des Suchen-Geländes bewegen.
4. Dauernde Aufmunterungen sind punktmindernd.
5. Die Anzahl der apportierten Dummies ist nicht allein ausschlaggebend für die Bewertung.

Einweisen

1. In einem Gelände geringer Deckung (z.B. Wiese, offener Wald etc.) wird in ca. 50 m Entfernung vom Ansetzpunkt für den Führer sichtbar ein Haltepunkt markiert.
2. Nach Aufforderung durch den Richter schickt der Führer seinen Hund in diesen Bereich und läßt ihn dort verharren. Auf Anweisung des Richters weist er ihn dann auf ein rechtwinklig zur Einweis-Linie in ca. 30 m Entfernung ausgeworfenes Dummy, dessen Lage dem Führer vor Beginn zu bezeichnen ist, ein.

Standruhe in Verbindung mit Markierung

1. Die Führer einer Gruppe (mindestens 3, maximal 6 Gespanne) gehen mit ihren unangeleinten Hunden in einer geraden Linie durch ein Gelände geringer Deckung.
2. Nach erfolgtem Schuß bleiben Führer und Hunde stehen, und ein Dummy wird in ca. 50 m Entfernung (senkrecht zur Führerlinie gemessen) geworfen.
3. Auf Anweisung des Richters wird ein Hund zum Bringen geschickt, während die nicht arbeitenden Hunde ruhig bei ihren Führern warten.
4. Der Vorgang wiederholt sich unter ständigem Vorrücken und Tauschen der Gespanne auf die äußeren Positionen in der Linie, bis alle Hunde zum Einsatz gekommen sind.

5. Das Arbeiten der Hunde erfolgt von der äußeren, dem Dummy jeweils gegenüberliegenden Position.

Siegerklasse

Doppel-Markierung

1. Die Merkfähigkeit wird mittels einer Doppel-Markierung jeweils unter Schußabgabe geprüft, wobei mindestens ein Dummy in oder jenseits eines stehenden (langsam fließenden) Gewässers fällt. Die Arbeitsdistanz beträgt jeweils 70 m.
2. Der Hund arbeitet nach Aufforderung des Richters in der vom Richter vorgegebenen Reihenfolge.

Verlorensuche mit zwei Hunden

1. In einem 60 x 80 m großen, deckungsreichen Gelände werden für Führer und Hund nicht sichtbar 10 Dummies ausgeworfen.
2. Nach Aufforderung durch den Richter werden zwei Hunde gleichzeitig in das Gelände zur Verlorensuche geschickt.
3. Es ist den Hundeführern nicht gestattet, sich an den Längsseiten des Suchengeländes zu bewegen.
4. Die Anzahl der apportierten Dummies und die Zeit, in der sie gebracht werden, sind nicht allein ausschlaggebend für die Bewertung.

Einweisen in ein Suchengelände

1. In ca. 80 m Entfernung wird in einem Gelände dichter Deckung (Schilf, Brombeeren, Dickung etc.) für den Führer und Hund nicht sichtbar ein Dummy geworfen.
2. Nach Aufforderung durch den Richter soll der Hund über abwechslungsreiches Gelände (z.B. Wasserläufe, Zäune, Hecken, Gräben, Wege, etc.) in gerader Linie auf das ca. 60 m entfernte Suchengelände eingewiesen werden und dort auf Befehl des Führers eine selbständige Suche beginnen.

Einweisen

1. In ca. 50 m Entfernung wird für Führer und Hund deutlich sichtbar ein Dummy unter Schußabgabe in ein Gelände mit geringer Deckung geworfen.
2. Anschließend wird der Hund nach Aufforderung durch den Richter auf ein zweites, zuvor an anderer Stelle, für den Hund und -führer nicht sichtbar ausgeworfenes Dummy eingewiesen.
3. Nachdem der Hund die Einweise-Arbeit beendet hat, arbeitet er die zu Beginn geworfene Einzel-Markierung.

Niederlande:

Auch hier gibt es sog. Diplomatage mit fester Aufgabenstellung und Working-Tests.

C-Diplom:
Leinenführigkeit und Freifolge, Voranschicken und Zurückrufen, Ablegen 2 min., Einfach-Apport auf Land, Einfachapport aus Wasser.
B-Diplom:
Einzelmarkierung auf Land, Verlorensuche auf ein Dummy, über-Wasser-Schicken zur Verlorensuche
A-Diplom:
Über-Wasser-Schicken auf eine Schleppe von ca. 300 m, Einweisen zu einem Stop-Platz und nach rechts oder links

Diese Prüfungen werden mit Dummies durch die einzelnen Vereine abgehalten und mit Wild für alle Jagdhunderassen durch den KNJV. Im Gegensatz zu Deutschland durchläuft ein Hund, der das A-Diplom machen möchte, am Prüfungstag vorher die C- und B-Klasse. Zusätzlich werden Field-Trials während einer Jagd angeboten.

Belgien:

Die Prüfungsordnung orientiert sich an den Niederlanden, wobei es kein A-Diplom gibt. Parallel dazu werden Working-Tests und Field-Trials während einer Jagd veranstaltet.

Österreich:

In Österreich wird eine Dummy-Prüfung in drei Klassen angeboten, darüber hinaus gibt es Working-Tests und Field-Trials.

Dänemark:

Die Markproeve in Dänemark ist eine Prüfung mit kaltem Wild. Zusätzlich werden Working-Tests mit Dummies angeboten.

Die Markproeven werden unterschieden in C-Prüfungen als Übungs- oder Trainingsprüfung, B-Prüfungen mit offiziellem Ergebnis. Die Prüfungen sind unterteilt in Beginner-, Offene- und Siegerklasse. Die Hunde erhalten Qualifikationen (im 1., 2. oder 3. Preis).

Bei bestimmten Qualifikationen ist die Teilnahme der Offenen- und Siegerklasse an Markproeve A anläßlich einer Jagd möglich.

Schweiz:

In der Schweiz wird vom Retriever Club eine Arbeitsprüfung in drei Klassen (Anfängerklasse - ohne Eintragung ins Leistungsheft, C und B) angeboten. Es wird in der C und B-Klasse nur mit kaltem Wild gearbeitet. Dabei werden Qualifikationen und Plazierungen vergeben.

Internationales Reglement für Arbeitsprüfungen im Felde (Field Trials) für Hunde der Retrieverrassen, autorisierte Übersetzung, wortgetreu übernommen. (Jagdprüfungen auf englische Art, revidierte Form 07/1997)

Art. 1

Der Retriever ist der unentbehrliche Helfer des Jägers nach dem Schuß. Das Ziel der Prüfungen nach dem Schuß ist es, die besten Hunde zu selektionieren, welche die wirkliche Neigung haben, geschossenes Wild aufzuspüren, ein gutes Temperament haben und retrieverspezifische Markierfähigkeiten, ihren Geruchssinn einsetzen, Initiative zeigen und mit weichem Maul apportieren. Einwirkungen des Hundeführers sollten nur als unentbehrliche Ergänzung dieser Eigenschaften betrachtet werden, um den Hund an seinem Platz oder beim Fußlaufen ruhig zu halten, oder damit er folgsam die Befehle ausführt und sich allenfalls einweisen läßt, wenn das Wild nicht sichtig gefallen ist.

Organisation

Art. 2

In Übereinstimmung des Beschlusses der FCI anläßlich der Generalversammlung 1976 in Insbruck (...die FCI vergibt die CACITs ausschließlich an Prüfungen auf lebendem Wild) dürfen die CACIT Trails nur an praktischen Jagdtagen stattfinden mit natürlichem Wild, welches in Anwesenheit der Hunde geschossen wurde. Als Ausnahme kann der Wassertest als künstlicher Test abgehalten werden. (siehe Artikel 16)

Art. 3

Die Prüfungen werden von Vereinen durgeführt, die Organisationen angeschlossen sind, welche durch die FCI anerkannt sind.

Im gemeinsamen Einvernehmen mit den Jagdpächtern unternehmen die Organisatoren alles Notwendige für das erfolgreiche Gelingen dieser Prüfungen. Sie sind verantwortlich für die Einhaltung des gültigen Reglements.

Die Schützen werden von den Organisatoren oder vom Jagdgastgeber bestimmt.

Art. 4

Die Field Trials können sowohl während einer Treibjagd abgehalten werden, bei der die Hunde an Ort sitzen bleiben oder während eines Treibens, bei dem die Hunde in der Treiber-Linie frei-bei-Fuß gehen (Walk-up). Es ist sogar wünschenswert, die Hunde sowohl bei der Treibjagd, als auch in der Linie sowie im Wasser zu prüfen (Art. 16).

a. Beim Walk-up bewegen sich die Richter, die aufgerufenen Hunde und Hundeführer, sowie die Schützen (mindestens einer pro Richter) in einer Linie vorwärts. Wenn Wild geschossen wurde, hält die Linie an. Auf Anweisung des Richters wird ein Hund geschickt, um das Wild zu finden und zurückzubringen.

b. Bei einer Treibjagd werden die Hunde nach Anweisung des Richters so hingesetzt, daß sie die beste Möglichkeit haben, das Wild zu markieren. Die Richter entscheiden, wann die Hunde geschickt werden, das geschossene Wild zu apportieren, was bei totem Wild normalerweise am Ende des Treibens geschieht. Falls Wild angeschossen und verwundet wurde, sollte der Hund sofort unverzüglich gesandt werden.

c. In der Ausschreibung muß erwähnt werden, ob die Arbeit am Wasser geprüft wird oder ob die Teilnehmer eine Bescheinigung gemäß Art. 16 des gültigen Reglements vorlegen müssen.

Durchführungs-Bestimmungen

Art. 5

Bezüglich Durchführungs-Bestimmungen sind die in jedem Land gültigen Regeln anzuwenden, soweit diese nicht im Widerspruch mit den Vorschriften der FCI stehen.

Teilnahmebedingungen

Art. 6

Es können nur reinrassige Hunde teilnehmen, welche im Programm aufgeführt sind. Sie müssen in einem von der FCI anerkannten Stammbuch eingetragen sein oder in einem Anhangregister eines der FCI angegliederten Landes.

Art. 7

Die CACIT-Prüfungen stehen Hunden jeden Alters offen. Dessen ungeachtet, kann nötigenfalls die Teilnahme nur auf solche Hunde beschränkt werden, die bereits eine Qualifikation erhalten haben (Titel, die kürzlich erlangt wurden). Voraussetzungen dafür sind:

a. Diese Beschränkungen müssen vorher in der Ausschreibung bekannt gegeben worden sein.

b. Prüfungen mit beschränkter Teilnahme dürfen pro Land das Verhältnis von 1 zu 3 der jährlich angebotenen Trials mit CACIT nicht überschreiten.

Aufgrund der schwierigen Bedingungen für Wild in Europa kann jedes Land die Teilnehmer-Zahlen bei CACIT-Trials limitieren entsprechend der Wilddichte in seinem Gebiet. Dies muß vorgängig in der Ausschreibung bekannt gegeben werden.

Art. 8

Die Einschreibungen müssen rechtzeitig an das Sekretariat des Organisations-Komitees gesandt werden. Der Meldeschluß ist in der Ausschreibung publiziert.

Den Organisatoren wird empfohlen, der Ausschreibung ein Anmeldeformular beizulegen mit Angaben, welche für die Startliste (Teilnehmer-Programm) erforderlich sind, und zwar: offizieller und Ruf-Name des Hundes – Rasse und Geschlecht – Stammbuch-Nummer – Arbeitsbuch-Nummer – Geburtsdatum – Name der Elterntiere – Name des Züchters – Name und Adresse von Besitzer und Hundeführer.

Ausschlußgründe zur Teilnahme - Ausgeschlossene Hunde

Art. 9

a. Hunde, die einer von der FCI ausgeschlossenen Person gehören, können nicht teilnehmen. Auch Hunde, die jemandem gehören, der einer der FCI angeschlossenen Organisation irgendeine Geldsumme schuldet, aus welchem Grunde dies auch sei, sind ausgeschlossen.

b. Die Anwesenheit läufiger Hündinnen ist strengstens untersagt.

c. Anmeldungen, die nach Meldeschluß eingehen, werden nicht mehr berücksichtigt.

d. Meldegebühren werden nicht zurückbezahlt, außer die Abmeldung erfolgte spätestens 5 Tage vor der Prüfung.

e. Die Einschreibungen sind nur gültig, wenn die Meldegebühr auch bezahlt wurde. Ausländische, nicht im Land wohnende Teilnehmer, können die Gebühren vor Ort begleichen, vor Beginn der Prüfung. Dies gilt für alle angemeldeten Hunde, anwesend oder nicht, mit Ausnahme von Fällen, die unter Buchstabe d. fallen.

f. Nach Anmeldeschluß wird keine Änderung der Hunde angenommen.

g. Nicht zugelassen sind: Bissige Hunde, Hunde mit ansteckenden Krankheiten, monorchidische oder kryptorchidische Hunde, Hunde im Besitz von Personen, die Gesellschaften oder Vereinen angehören, welche von den FCI-Mitgliedern nicht anerkannt sind.

Verschiebung oder Absage des Trials

Art. 10

Falls das Organisations-Komitee aus dringenden Gründen entscheidet, das Veranstaltungsdatum zu ändern, müssen die betroffenen Teilnehmer informiert werden.

Die Besitzer haben das Recht, bereits bezahlte Teilnahmegebühren innerhalb von acht Tagen nach Benachrichtigung zurückzufordern. Gebühren, die nicht zurückgefordert wurden, verbleiben zur Verwendung für das neue Datum.

Das Organisations-Komitee behält sich das Recht vor, Prüfungen abzusagen und die Teilnahmegebühren zurückzuzahlen.

Richter

Art. 11

Die Richter werden vom Organisations-Komitee ernannt. Sie werden ausgewählt aus der Liste offizieller Leistungsrichter der FCI-Mitglieder-Organisationen. Ihre Namen müssen den Teilnehmern vor Anmeldeschluß zur Verfügung stehen und sie müssen im Programm aufgeführt werden.

Die Richter bestimmen ihre Art des Richtens absolut selbständig. Sie werden jedoch gebeten, sich an die gültigen Regeln zu halten.

Das Organisations-Komitee behält sich das Recht vor, Richter zu ersetzen, welche während der ganzen Prüfung oder auch während eines

Teils ihren Pflichten nicht nachkommen können. Das Komitee darf auch andere Maßnahmen treffen, welche es für angepaßt hält.

Ordner (Stewards)

Art. 12

Die Ordner werden durch das Organisations-Komitee ernannt. Sie haben die Aufgabe, die Richter zu unterstützen, indem sie die Hunde aufrufen und innerhalb der Teilnehmer und Zuschauer auf die nötige Ordnung achten.

Führen der Hunde

Art. 13

Bei der Begrüßung am Treffpunkt müssen die Hundeführer und die Hunde anwesend sein, ansonsten werden sie ausgeschlossen. Sie sollen beim Appell bereit sein und auch weiterhin ständig für die Richter zur Verfügung stehen.

Außer im Falle zwingender Umstände, müssen die Hunde während der ganzen Prüfung von ein und derselben Person geführt werden.

Während sie an der Reihe sind, dürfen die Hunde nicht an der Leine gehalten werden. Die Besitzer oder die Hundeführer dürfen auch nichts, was zur Korrektur gebraucht werden kann, in ihrer Hand halten.

Die Hunde dürfen während der Trials kein Zwangshalsband tragen und keinerlei Halsband, solange sie dem Richter unterstellt sind.

Eine körperliche Strafe des Hundes während des Wettbewerbes führt zum Ausschluß.

Art. 14

Die Prüfung ist offen für Hunde jeden Alters; sie müssen sowohl Feder- als auch Haarwild apportieren.

Aufrufen und Ausscheiden der Hunde

Art. 15

Die Auslosung durch das Organisations-Komitee bestimmt die Startreihenfolge der Teilnehmer für den ersten Durchgang. Die Hunde werden gruppenweise getestet in numerischer Reihenfolge entsprechend der zugewiesenen Startnummern. Soweit wie möglich werden die Hunde, welche demselben Besitzer gehören oder durch die gleiche Person geführt werden, nicht zusammen geprüft.

Kein Hund kann eliminiert werden, bevor er nicht von zwei Richtern bewertet wurde, außer er hat einen Ausschluß-Fehler begangen.

Die Richter haben das Recht, das für einen Hund geschossene Wild durch einen anderen Hund apportieren zu lassen.

Die Richter können entscheiden, daß die Prüfung durch einen Entscheidungslauf (run-off) beendet wird. Für diese Endausscheidung werden alle Hunde aufgerufen, welche noch Vorzüglich erhalten können. Diese werden alle in einer Linie aufgestellt, auch wenn es mehr als drei Hunde sind. Das Finale beeinflußt die Resultate in gleicher Weise wie die vorhergegangenen Runden.

Ein Stechen zur Vergabe des CACITs kann nur zwischen Hunden stattfinden, die bereits ein CAC erhielten. Es wird an einem Posten durch zwei von der Organisation bestimmte Richter gerichtet. Das Stechen wird als einzelner Test beurteilt, und die Hunde erhalten so viele Apporte, wie die Richter für notwendig erachten.

Allfällige Fehler während dieses Stechens haben weder Einfluß auf die Resultate noch auf das CAC, welche bereits vergeben wurden.

Die Richter können auf die Vergabe des (Res)CACITs verzichten, falls die gezeigte Arbeit ihrer Ansicht nach nicht ausreichend war.

Arbeit am Wasser

Art. 16

Kein Hund kann klassiert werden, wenn er nicht während der Prüfung erfolgreich aus tiefem Wasser apportiert hat. Falls kein Wasser zur Verfügung steht, muß nachgewiesen werden, daß der Hund anläßlich einer offiziellen Prüfung (national oder international) erfolgreich aus Wasser apportiert hat. Dies muß entweder im Jagd-Arbeitsbuch oder in einer Urkunde (gemäß Muster) bestätigt sein. Falls die zu klassierenden Hunde während der Prüfung nicht im Wasser geprüft wurden, ist es möglich, eine künstliche Aufgabe mit kaltem Wild durchzuführen. Entsprechend den Bedingungen soll das Wild entweder im Wasser oder am gegenüberliegenden Ufer plaziert werden.

Bewertung der Arbeit

Art. 17

a. Der ideale Retriever ist aufmerksam, steady und ruhig, ohne die Aufmerksamkeit seines Führers zu verlangen. Er soll das Wild gut markieren und sich die Fallstelle über eine längere Zeit merken. Wenn er für einen Apport losgeschickt wird, sollte er bei der Suche ausdauernd sein, Initiative zeigen, eine gute Nase haben und die Fähigkeit, Wild aufzuspüren. Er sollte in jedem Gelände arbeiten und Wasser unverzüglich ohne Ermunterung annehmen. Er arbeitet, um seinem Hundeführer zu gefallen (will to please) und ist in gutem Kontakt zu ihm, aber ohne abhängig von ihm zu sein. Wenn er das Wild gefunden hat, soll er es schnell und korrekt mit weichem Maul zurückbringen und es auch korrekt abgeben.

b. Schwere Fehler (Reihenfolge gemäß frz. Text)

- übermäßige Abhängigkeit zum Hundeführer
- lautes Einwirken durch den Hundeführer
- first dog down
- unruhiges Verhalten an Ort, so daß der Hundeführer dem Hund zuviel Aufmerksamkeit schenken muß
- schlechte Kontrollierbarkeit und/oder unnötige Störung des bejagten Gebietes
- schlechtes Markieren und/oder schlechte Erinnerungsfähigkeit des Fallortes
- schlechtes Fußlaufen
- einmaliges Einspringen ohne Aufforderung mit sofortigem Stoppen, so daß der Hund gleich wieder am Posten ist
- nachlässiges Apportieren
- langsames Arbeiten und/oder mit wenig Initiative
- einmaliger eye-wipe

Ein Hund, der einen schweren Fehler begangen hat, kann die Benotung »Vorzüglich« nicht mehr erhalten!

Definition eines eye-wipe: Eine nicht genützte Chance, Wild zu finden und zurückzubringen, wenn dieses Stück Wild vom nächsten gesandten Hund unter den genau gleichen Bedingungen gefunden oder aber vom ganzen Richtergremium oder einem Teil davon aufgelesen wird.

Definition von first dog down: Eine nicht genützte Chance, ein wahrscheinlich verwundetes Wild zu finden und zurückzubringen, das der Hund markiert hat und auf das er sofort geschickt wurde, welches auch nicht durch einen nachfolgenden Hund gefunden werden konnte oder durch die Richter aufgelesen wurde.

c. Ausschließende Fehler (Reihenfolge gemäß frz. Text)

- Austauschen des Wildes
- körperlicher Kontakt mit dem Hund
- aggressives Verhalten
- hartes Maul
- zweimaliges Begehen desselben ***schweren Fehlers***
- störendes andauerndes Winseln oder Bellen
- Schußscheue
- unhaltbares Einspringen oder zweimaliges Einspringen mit sofortigem Stoppen
- außer Kontrolle geraten, ungeschossenes Wild hetzen oder weiterjagen mit Wild im Fang
- zwei eye-wipes
- Verweigerung, Wasser anzunehmen
- Verweigerung, gefundenes Wild zu apportieren

Preise und Bewertungen

Art. 18

Die FCI anerkennt die Auszeichnungen nur dann offiziell, wenn die Prüfung mit mindestens sechs anwesenden Hunden durchgeführt wurde.

Die Richter haben das Recht, keine Preise zu vergeben, wenn ihrer Meinung nach die Arbeiten ungenügend waren.

Preise und Plazierungen werden von einer Qualifikation begleitet: Vorzüglich – Sehr gut – oder Gut – oder durch eine entsprechende nationale Bewertung.

Eine Plazierung mit Bewertung können nur Hunde erhalten, die keinen Ausscheidungs-Fehler begangen haben.

Um das CACIT zu erhalten, muß der Hund eine perfekte Leistung von herausragender Qualität gezeigt haben.

Art. 19

Am Ende der Prüfung müssen die Richter die Endergebnisse bekanntgeben und erläutern. Vor ihrem Verlassen sollten sie den Organisatoren die Rangliste übergeben.

Vereine

Deutscher Retriever Club e.V.

Geschäftsstelle: Margitta Becker
Dörnhagener Str. 13
D-34302 Guxhagen
Tel. 05665 -27 74

Golden Retriever Club e.V.

Geschäftsstelle: Jürgen Rüter
Dietrichsweg 68
D-26127 Oldenburg
Tel. 0441 - 67 486

Labrador Club Deutschland e.V.

Geschäftsstelle: Karin Willkomm
Auf der Heide 1
D-41462 Neuss
Tel. 02131 - 56 91 00

Literaturhinweise

Antonisse, T.J.
Drie Apporte
Eigenverlag, NL 1989

Antonisse, T.J.
Spielerische Grunderziehung des Retrieverwelpen
Eigenverlag, D 1993

Deeley, Martin
Advanced Gundog Training
The Crowood Press, GB 1989

Deeley, Martin
Working Gundogs
The Crowood Press, GB 1989

Kraay, Johann
Apportieren: Samenspel
Eigenverlag, NL 1995

Moxon, P.R.A.
Gundogs: training and Field Trials
Popular Dogs Publishing, GB 1952

Scales, Susan
Retriever Training
David & Chals, USA 1976

Ting, Beate & Gereon
Kleine Welpenschule
Romney´s Verlag, D 1995

Ting, Gereon
Kleine Retrieverschule
Romney´s Verlag, D 1994

Wolters, R.A.
Game Dog
E.P. Dutton Inc., USA 1983

Wolters, R.A.
Neue Wege der Jagdhundeausbildung
Kynos Verlag, D 1996

Wolters, R.A.
Water Dog
E.P. Dutton Inc., USA 1964

Schlußwort

Nach Fertigstellung dieses Buches sind uns bei jedem erneuten Lesen wieder Dinge eingefallen, die wir hätten noch erwähnen können. Das Thema ist schier unermeßlich und allein zu Wind, Witterung und Gelände ließe sich ein eigenes Buch schreiben.

So kann und will diese »Kleine Apportierfibel« nur einen Überblick geben, der Ihnen helfen soll, sich näher damit zu befassen. Bei jedem Training mit Ihrem Hund lernen Sie ein wenig dazu – wie wir auch. Es würde uns freuen, wenn Sie uns von Ihren eigenen Erfahrungen mit Ihrem Hund berichten.

Die Arbeit mit unseren Retrievern – egal auf welchem Niveau – hat unserem Leben ein wenig mehr Qualität gegeben. Sie ist jeden Tag neu, mit jedem Hund anders und eine spannende Erfahrung. Vielleicht haben wir Ihnen in diesem Buch etwas davon vermitteln können.

Hier abtrennen und im Fensterbriefumschlag an:

Antwort

Romney´s
Beate Ting GmbH
Milliehausen 1
D - 31848 Bad Münder

Vorname, Name

Straße, Hausnummer

PLZ / Wohnort

Bestellung:

☐ Exemplar(e)
Kleine Retrieverschule
zum Preis von DM 15,– (zzgl. Versandkosten)

☐ Exemplare
Kleine Welpenschule
zum Preis von DM 15,– (zzgl. Versandkosten)

☐ Schicken Sie mir bitte Ihren kostenlosen
Gesamtkatalog mit praktischem Hundezubehör

Sagen Sie uns bitte Ihre Meinung über die

Kleine Apportierfibel

Ich wurde auf dieses Buch aufmerksam durch:

☐ Züchter ☐ Anzeige ☐ Freunde/Bekannte ☐ ____________________

Besonders gut gefällt mir:

____

____

Nicht gefallen hat mir:

____

____

Anregungen und Tips:

____

____

Notizen